幕末
龍馬の京都案内
薩長同盟?
日本初の
新婚旅行?
世界と貿
大政奉還?

もくじ

龍馬の人脈相関図

龍馬は藩や身分を越えて多くの人物と出会い、活動的に思想や知識を得ます。多彩な人脈を築いた龍馬の人間的魅力と、たくさんの人物の協力のおかげで、維新回天は実現されました。

坂本龍馬

脱藩

攘夷のために脱藩

土佐藩

山内容堂　p10
吉田東洋
後藤象二郎　p43
岩崎弥太郎　p33

尊皇攘夷

一時加盟するが離党

土佐勤王党

武市瑞山　p11
中岡慎太郎　p41
吉村寅太郎　p25
岡田以蔵　p24

思想

開明的な思想を吸収

先生たち

河田小龍　p100
ジョン万次郎　p101
佐久間象山　p101
横井小楠　p75

恋愛

龍馬を影で支える

女性たち

坂本乙女　p9
平井加尾　p66
千葉佐那　p66
楢崎龍　p36

薩長同盟の実現
薩摩藩
島津久光　p28
西郷隆盛　p29
小松帯刀　p81
大久保利通　p28

薩長同盟

薩長同盟の実現
長州藩
桂小五郎　p14
久坂玄瑞　p19
高杉晋作　p19
伊藤博文　p19

平和的な政権交代を模索
朝廷
孝明天皇　p20
姉小路公知　p21
三条実美　p21
岩倉具視　p44

新政府構想

大政奉還の推進
幕府
徳川慶喜　p45
勝海舟　p27
大久保一翁　p44

龍馬暗殺の有力説
会津藩
松平容保　p22
近藤勇　p23
土方歳三　p23
佐々木只三郎

活躍の基盤をつくる
支援者たち
お登勢　p67
松平春嶽　p80
酢屋嘉兵衛　p81
トーマス・グラバー　p30

幕末の用語解説

▷尊皇【そんのう】
天皇や皇室を尊び、天皇を国政の中心と考える思想。攘夷論と結び付いた。
▷攘夷【じょうい】
外国との通商に反対して外国を排除する思想。尊皇とともに尊皇攘夷論へ。
▷佐幕【さばく】
「佐」は助けるの意で、尊皇や倒幕に反対して幕府の存続を支持する思想。
▷倒幕【とうばく】
幕府を倒すことを「倒幕」、幕府を武力で攻め討つことを「討幕」という。
▷開国【かいこく】
江戸時代の長い鎖国を解いて、欧米との貿易や外交関係を新たに築くこと。
▷幕藩体制【ばくはんたいせい】
江戸幕府と、その支配下で独立の領地をもつ各藩によって構成された体制。
▷公武合体【こうぶがったい】
幕末、幕藩体制の再編強化を図るために朝廷と幕府が結び付いた政治論。

龍馬を知るための八策

薩長同盟、海援隊、大政奉還……
これらを主導し、幕末のヒーローとして
不滅の輝きを放つ坂本龍馬
しかし、土佐藩を脱藩した一浪人の龍馬が
なぜ幕末の風雲児となりえたのか？
龍馬とは一体何をしたのか？
「日本の夜明け」を求めて奔走した
坂本龍馬、激動の33年を読み解く

鬣をまとった寝小便常習者

坂本龍馬は、天保6（1835）年11月15日に郷士身分であった坂本家の次男として生まれました。生まれながらにして背中に黒い鬣のような産毛が生えていたことから「龍馬」と名付けられたと伝わります。

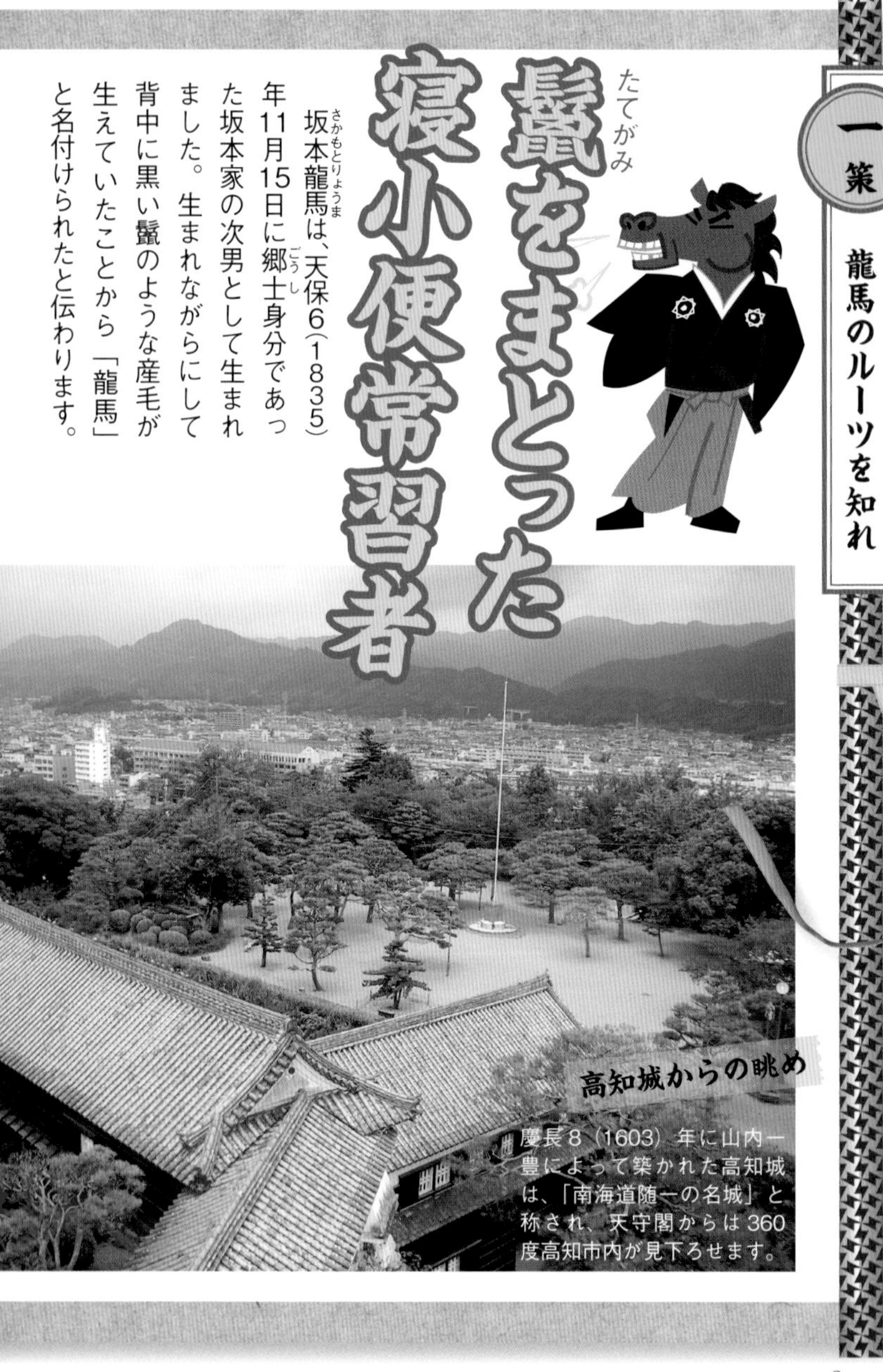

高知城からの眺め

慶長8（1603）年に山内一豊によって築かれた高知城は、「南海道随一の名城」と称され、天守閣からは360度高知市内が見下ろせます。

土佐には
あだたん男
じゃきに

生誕地

龍馬生誕地の石碑は高知市上町にあり、上町病院の横に建っています。近くには「龍馬の生まれたまち記念館」が平成16年にオープンしました。

郷士の中でも比較的裕福な家庭に育った龍馬の幼きあだ名は「坂本の泣き虫」であり、寝小便がいつまでも治らず、10歳になっても一人で袴もはけない龍馬に、家族もほとほとあきれる始末でした。12歳で楠山塾に入って勉学にいそしむものの、万事スローペースでのみ込みの遅い龍馬は授業についていけず、塾の仲間からはいじめられ、先生のすすめもあって退塾します。心配した父の八平は、龍馬の精神、肉体を鍛えるべく、龍馬が14歳になると高知城下の日根野道場へ入門させました。さらに龍馬は兄の権平とは歳が20ほど違ったため、「坂本のお仁王さま」と呼ばれた3歳年上の姉・乙女によって厳しく鍛えられました。そのかいもあって道場ではメキメキと頭角を現し、龍馬の実力は町の評判を呼び、ついには「小栗流和兵法事目録」を受け取るまでに成長したのです。

身長約174センチ、体重約112キロという大柄な女性でした。龍馬が生涯で最も多くの手紙を書いた人物です。(高知県立坂本龍馬記念館提供)

土佐藩

反骨の精神を育んだ土佐の厳しい身分制度

高知城

土佐藩は、関ヶ原の戦いで徳川家康より24万石の領地を与えられた山内一豊によって始まりました。山内家の家臣団を上士とし、かつての支配者であった長宗我部氏の家臣団を郷士として組織し、上士は郷士に対して無礼打ちが許されるなど、厳しい身分制度は幕末まで続きます。そのため郷士の多くは、幕府や藩の権勢が衰えると尊皇攘夷運動に身を投じました。幕末には藩主山内容堂が活躍し、吉田東洋を重く用いて藩政改革を断行し、薩摩藩の島津斉彬、福井藩の松平春嶽らと協力して積極的に幕政改革にも乗り出します。しかし武市瑞山など郷士の中にいた逸材を失っていたこともあり、動乱期には長州藩や薩摩藩に先んじられる結果となりました。

山内容堂

（国立国会図書館蔵）

龍馬を知るための**キーパーソン**

武市瑞山（半平太）

（たけちずいざん　はんぺいた）

非業の死を遂げた龍馬の親友

郷士出身の武市瑞山は遊学していた江戸にて土佐勤王党（とさきんのうとう）を結成し、土佐藩主山内容堂の側近吉田東洋暗殺を主導して藩政を一時掌握します。堂々たる体格をもち、勤勉実直で正義感が強く、私利私欲なく弁舌さわやかであった武市は、他藩の志士からも「土佐に武市あり」と人望を得ていました。しかし「安政の大獄」で尊皇攘夷派を一掃する風潮になると土佐藩もこれに追随し、容堂が藩の実権を再度握って土佐勤王党を弾圧します。君臣の義理を重んじる武市は、逃げることなく帰国命令に従い投獄されました。長い取調べの末ついに切腹を命じられ、誰もがなしえなかったという三文字切で切腹したと伝えられます。

芸術面でも秀で、美人画や獄中自画像など優れた作品を残しています。（京都大学附属図書館蔵）

二策 龍馬の武芸を知れ

剣豪として名を成す

龍馬をなめたらいかんぜよ

龍馬の愛刀

龍馬の刀と思われるもので、土佐の刀工「吉行」の銘が刻まれています。近江屋で襲撃された際、床の間に置かれていたとも。刀長71.5センチ。（京都国立博物館蔵）

日根野道場で強さが評判となった龍馬は、父八平のはからいによって江戸へ剣術修行に赴きます。北辰一刀流を創始した千葉周作の弟である千葉定吉の桶町千葉道場（通称・小千葉道場）へ入塾してさらに腕を磨きました。定吉の長男である重太郎と親交を深め、妹のさな子とは婚約した仲であったとも伝わります。また剣術修行の一方で、龍馬は西洋の砲術などに長けた佐久間象山の私塾にも通い、西洋文化に興味を示し始めました。

そして江戸への遊学中、龍

江戸の三大道場

幕末の江戸三大道場は、「位は桃井、技は千葉、力は斎藤」と評されました。武市、龍馬、桂らは塾頭を務め、剣豪としてもライバルでした。

神道無念流

道場名：練兵館
道場主：斎藤弥九郎
門下生：桂小五郎
　　　　渡辺昇

鏡新明智流

道場名：士学館
道場主：桃井春蔵
門下生：武市瑞山
　　　　岡田以蔵

北辰一刀流

道場名：玄武館
道場主：千葉周作
門下生：清河八郎
　　　　山南敬助

道場名：桶町千葉道場
道場主：千葉定吉
門下生：千葉重太郎
　　　　坂本龍馬

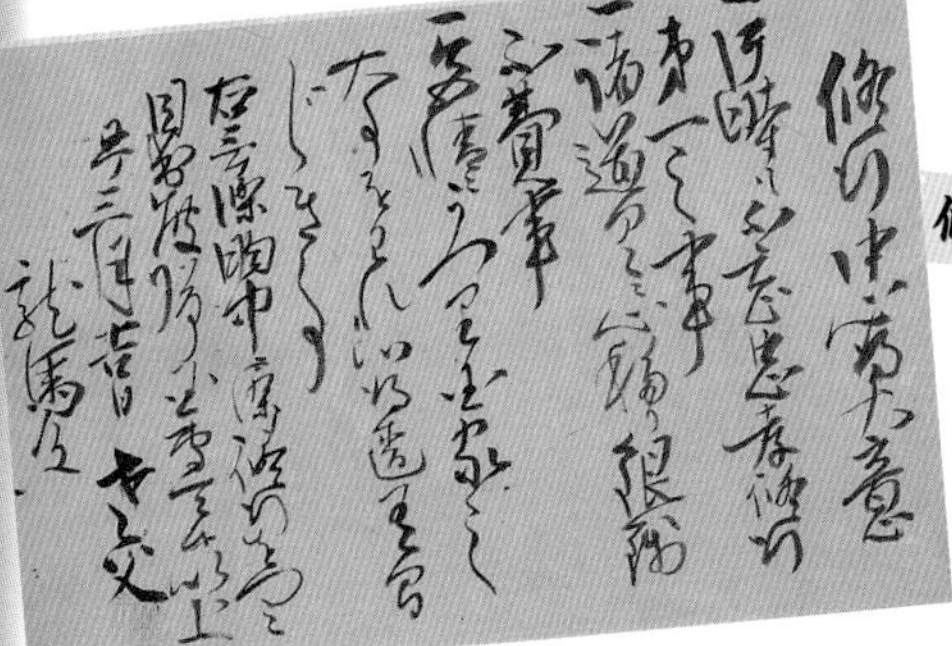

修行中心得大意

父の八平が龍馬を心配して渡した三カ条の訓戒書。修行に専念しなさい、浪費をしないように、色情に心を奪われて国家（土佐山内家）の大事を忘れないようにと諭しています。
（京都国立博物館蔵）

馬は黒船来航という大事件に遭遇します。土佐藩の命によって沿岸警備隊の任務に就いた龍馬は、西洋文明を前に困惑する幕府や民衆の姿を目の当たりにしました。その後、修行期間満了のため一端帰国しますが、再び江戸へ入り、ついには桶町千葉道場の塾頭を務め、「北辰一刀流長刀（ちょうとう）兵法目録」を授けられます。ピストルや開国論など先見的な印象のある龍馬ですが、この頃、父へ宛てた手紙に「異国人の首を討ち取って帰国いたします」とあり、まだまだ龍馬も剣の腕を磨き、攘夷を主張する若者の一人に過ぎなかったのかもしれません。

―龍馬を知るためのキーパーソン―

桂小五郎（木戸孝允）

尊皇譲夷派の先陣を切った長州の大人物

長州藩の藩医の息子として生まれ、桂家の養子となり士分を得ました。若い頃は無口で目立たない少年でしたが、吉田松陰に出会い、その才能を開花させます。江戸三大道場の一つ練兵館の塾頭となって「神道無念流免許皆伝」の剣豪として名を馳せ、また江戸滞在中に洋式兵術、蘭学、造船術も修めました。

その後は京都留守居役となり、常に命を狙われますが、尊皇攘夷討幕運動の指導者的役割を果たしました。長州藩の代表として薩長同盟を締結するなど、幕末から明治維新まで常に政界をリードし、西郷隆盛、大久保利通とともに「維新三傑」の一人に数えられています。

維新後は参議となって版籍奉還（はんせきほうかん）や廃藩置県（はいはんちけん）に力を尽くし、岩倉使節団では副使も務めました。享年45。（国立国会図書館蔵）

江戸遊学

黒船来航に揺れる幕府と見識を広めた道場サロン

龍馬が江戸へ着いて間もなく、黒船が来航したことにより政治が大きく動きます。安政5（1858）年、幕府の大老・井伊直弼は、朝廷の許しを得ぬまま日米通商修好条約に調印し、さらに紀州藩の徳川慶福（家茂）を次期将軍として強引に将軍の跡継問題を終息させます。これに反発する大名や公家を隠居させ、幕政を批判する志士を大弾圧しました（安政の大獄）。非情な弾圧により尊皇攘夷派から恨みを買った井伊は、桜田門外で浪士の襲撃を受けて暗殺されます。幕府の最高権力者が江戸城の門前で殺害されたことは、各藩に動揺を与え、幕府の権威は大きく失墜します。

こうした世相の中で、政治に無知であった龍馬も、剣術道場を通じて見聞を広めていきます。剣術で身を立てるために江戸へやって来る若者は多く、彼らは藩の垣根を越えて交流を深め、人間関係を培いました。

剣術道場では剣の腕を磨く一方で、時勢を論じ合い、道場は情報交換のサロンにもなっていたようです。江戸に遊学した龍馬も剣術修行だけではなく、日本の最新の動向を肌で感じることができたのです。

嘉永6（1853）年、ペリー提督が浦賀に来航し、巨大で異様な黒船に江戸は大騒ぎとなりました。
「亜米利加人上陸絵巻」（秋田県男鹿市教育委員会蔵）

三策

脱藩の道

脱藩の決意を固めた時、龍馬 28 歳。遅咲きの志士として幕末動乱の渦中に身を投じます。現在、脱藩の道は散策路として往時を偲べます。

命懸けの逃避行

武市瑞山が結成した土佐勤王党に賛同して、龍馬も一時加盟しますが、あくまで「一藩勤皇」を唱え土佐藩を動かして日本を変えていこうとする武市の考えに「そんな悠長なことでは間に合わない」と考えます。江戸に出て諸外国の脅威を実感していた龍馬は、公武合体派であった土佐藩を捨て、日本国のために奔走するべく脱藩を決意しま

沢村惣之丞

龍馬の脱藩の道中案内人を務め、亀山社中、海援隊でも龍馬を補佐しました。
（梼原町教育委員会提供）

和霊神社

龍馬は脱藩の出立前に「花見に行く」といって和霊神社に参詣し、武運長久を祈願したと伝承されています。
（竹本氏提供）

す。当時、武士の脱藩は罪であり、見つかれば厳罰が待っているまさに命懸けの行動でした。

坂本家の領地内にあった和霊神社で花見の宴を開いた直後の文久2（1862）年3月24日、龍馬は同志である沢村惣之丞とともに高知城下から伊予国（愛媛県）との境にある梼原町を目指しました。梼原では那須俊平・信吾親子から宿の提供を受け、酒を酌み交わして語り明かした翌朝、土佐最後の峠「韮ヶ峠」へと向かい、ついに伊予国に脱藩しました。その後、海路で三田尻（山口県）へ渡り、下関へと向かったのです。

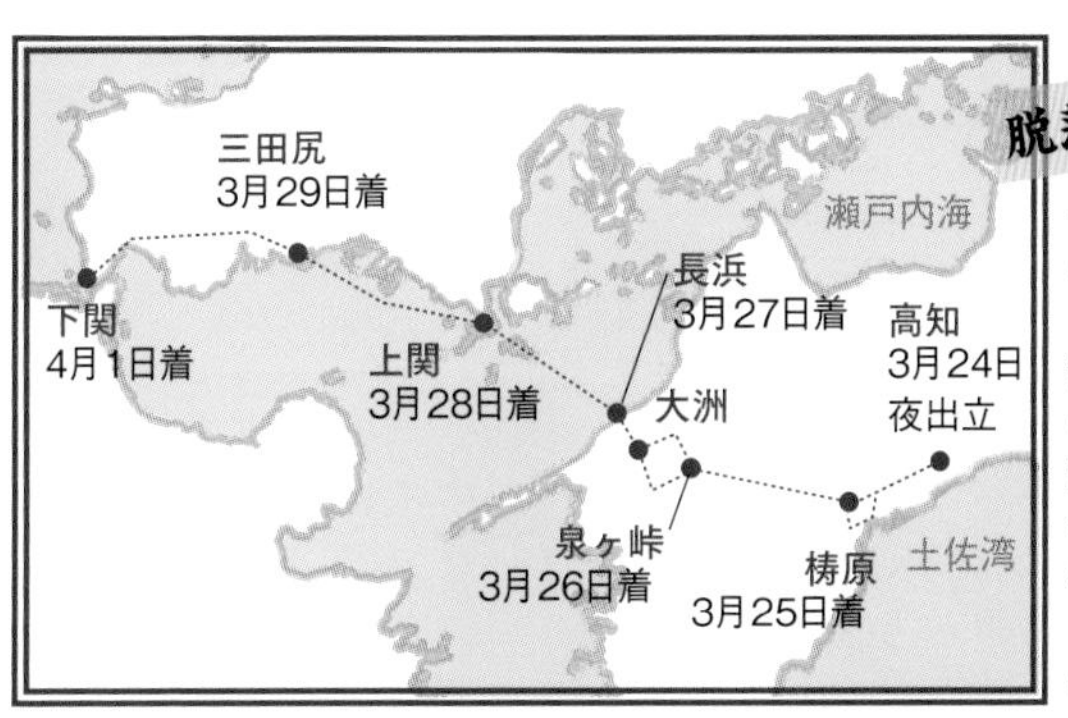

脱藩のルート

一説によると土佐高知から伊予長浜までの険しい道程170キロを、龍馬は1日平均42.5キロ、それを4日連続で走り抜けたといわれています。伊予国へのルートには諸説あり、各地に龍馬の逸話が伝えられています。

（実高100万石とも）

長州藩

ちょうしゅうはん

幕末の大国毛利家は驚くべき人材の宝庫

戦国時代に中国全域と北九州にまで領地を広げた毛利家（もうり）は、関ヶ原の戦いで毛利輝元（てるもと）が西軍の総大将となったため、敗戦後、徳川家康によって大減封を受け、周防（すおう）・長門（ながと）2国を有する長州藩として江戸時代を迎えます。幕末には藩政改革が功を奏して雄藩（ゆうはん）となり、尊皇攘夷の中心勢力として幕府と対立しました。八月十八日の政変では京都を追われ、禁門の変でも敗れて二度に渡り長州征討を受けます。敵対していた薩摩藩と薩長同盟を結んで復活を遂げ、新政府を設立して討幕を果たし、明治維新の原動力となりました。

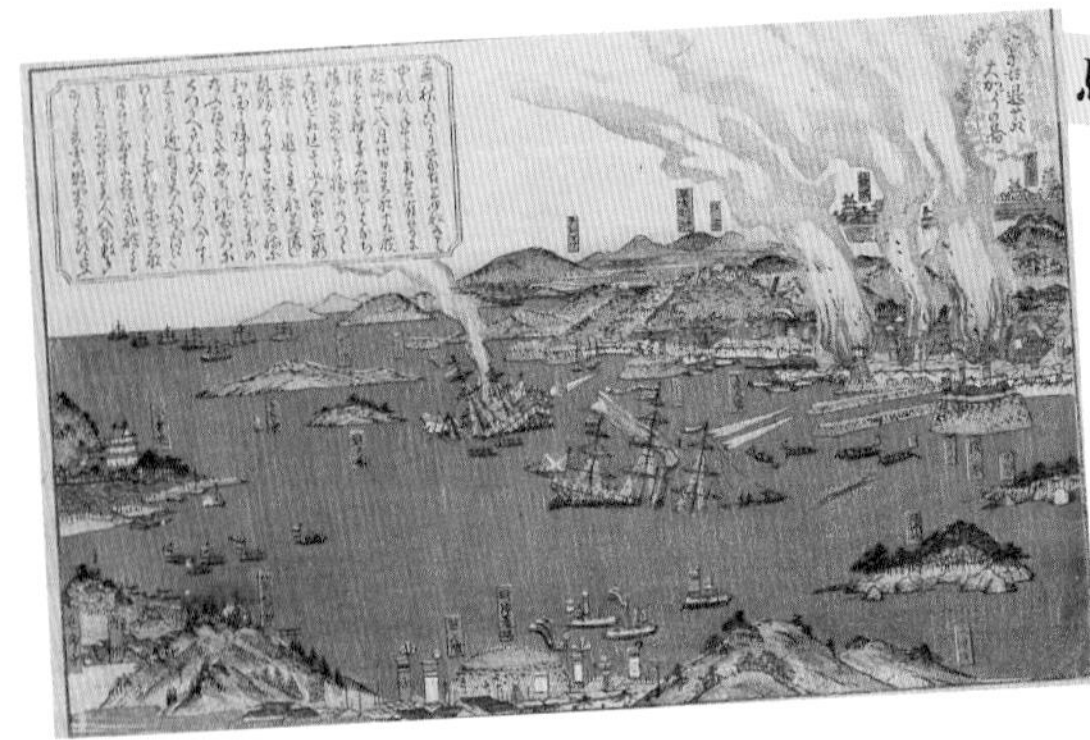

馬関戦争

長州藩は過激な攘夷政策をとって馬関海峡を封鎖し、運行中の米仏商船に砲撃を浴びせますが、その報復として列強四国の連合艦隊に砲撃受けます。欧米の軍事力を知った長州藩は、以後欧米の知識や技術を導入し軍事の近代化を計ります。（山口県立山口博物館蔵）

久坂玄瑞

（山口県立山口博物館蔵）

萩藩医の家に生まれた久坂玄瑞は、松下村塾で学んで吉田松陰から「防長第一流の人物」と称され、尊皇攘夷運動の先頭に立って活躍します。八月十八日の政変にて長州藩が追放されてからも失地回復に尽力しますが、禁門の変にて敗れ、無念の自害を遂げました。

高杉晋作

（国立国会図書館蔵）

高杉晋作は、江戸遊学で見聞を広め、上海渡航を通じて攘夷の難しさを実感し、藩論を倒幕路線に転換させせます。身分の差別なく入隊できる奇兵隊を創設し、第二次長州征討では天才的用兵とカリスマ的指導力を発揮して幕府軍を敗走させ、大政奉還へと時代を動かしました。

伊藤博文

（山口県立山口博物館蔵）

伊藤博文は貧農の出身ながら松下村塾で頭角を現し、英国公使館焼き討ちなど尊攘派の志士として活躍します。英国の留学生に選ばれ、国力の差を知り開国派に転向。維新後は、大日本帝国憲法の起草・制定に尽力し、英語力を買われて要職を歴任して内閣総理大臣を４度も務めました。

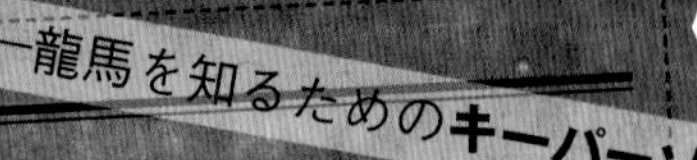

孝明天皇（こうめいてんのう）

極度の異国嫌いが幕末の勢いを一気に加速

仁孝（にんこう）天皇の第4子として生まれ、第121代目の天皇として幕末の政局の中心を担いました。孝明天皇は極度の外国人嫌いであったことから幕府に対して攘夷を要求し、幕府の条件であった和宮（かずのみや）降嫁にも応じて、側近の説得により公武合体を容認しました。その後も賀茂社や石清水八幡宮に行幸して攘夷を祈願するなど、その攘夷に対する意志の強さから倒幕を目指す尊皇攘夷の志士から盟主として祭り上げられますが、天皇自身に倒幕の意志は全くありませんでした。36歳という若さでの突然の崩御（ほうぎょ）は、公武合体を基本方針としていた幕府にとって大きな痛手となりました。

不自然な急死から、倒幕を狙う何者かによって暗殺されたという説も根強く残っています。（泉涌寺蔵）

朝廷と公家

朝廷の復権に尽力 英知ある稀有の公家

孝明天皇の周囲では、尊皇攘夷派の長州藩を支持する三条実美を中心とした勢力と、公武合体を通して朝廷の権威を高めようとする岩倉具視が対立しました。尊皇攘夷運動の高まりから親幕派と見なされた岩倉は蟄居を命じられ、一方の三条も八月十八日の政変で都落ちします。薩長同盟締結を機に両者は討幕路線へと歩調を合わせ、朝廷を新政府の中心に導きました。

三条実美

（国立国会図書館蔵）

三条実美は朝廷内の攘夷派の中心的存在となり、長州藩と協力して政局を動かしましたが、八月十八日の政変で長州に逃れます。王政復古の大号令で政界に復帰して討幕に大きく貢献し、維新後は温和な性格も幸いして政界のバランスシート的な役割を果たして要職を歴任しました。

姉小路公知

清浄華院に墓があります。MAP►P68

姉小路公知は三条実美とともに攘夷の急先鋒として活躍しますが、御所北東角（通称・猿ヶ辻）にて暗殺されました。暗殺直前の大阪湾演習の見学後に開国派に転じたとの噂もあり、犯人として薩摩藩の田中新兵衛が捕えられましたが、取調べ中に自害したため真相は闇に包まれました。

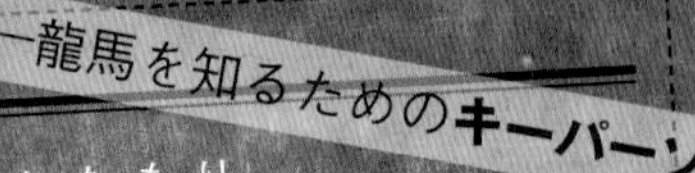

松平容保(まつだいらかたもり)

江戸幕府と孝明天皇 双方が信頼を寄せた会津藩主

会津藩9代藩主松平容保は、幕府に京都守護職の任を命じられますが、修羅場のような治安と財政負担から、藩内でも反対する者が多数を占めました。しかし、藩祖である保科正之(ほしなまさゆき)の「会津藩たるは将軍家を守護すべき存在である」という遺訓を持ち出し、反対を押し切って引き受けます。上洛後は京都の治安維持に全力を挙げ、孝明天皇の絶大な信頼を得ますが、倒幕へと時代が傾く中でその勢いを覆すことができませんでした。鳥羽伏見の戦いで新政府軍に敗れ、会津若松城にて最後まで徹底抗戦しますが力尽き、城を明け渡して謹慎蟄居の身となります。

維新後に許されて日光東照宮の宮司を務め、波乱に満ちた生涯を終えました。(会津若松市蔵)

羽前
陸前
越後
岩代
磐城

藩主
松平家

石高
約23万石

家格
親藩・御家門

会津藩（あいづはん）

主君徳川家のために最後まで戦い抜いた

江戸幕府3代将軍となった徳川家光の異母弟で、家光の信頼厚く徳川家の後事を託された保科正之が藩祖となったため、代々徳川家への忠誠が高く、幕末に藩主となった松平容保は京都守護職を拝命するや幕府と朝廷のために京都で奔走しました。戊辰（ぼしん）戦争では最後まで幕府のために抗戦したため戦後は新政府に領地を没収されましたが、容保の嫡男容大（かたはる）には家名存続が許され、斗南（となみ）藩（青森県むつ市）となって存続しました。移住した藩士らの生活は困難を極めたと伝えられ、廃藩置県後には斗南県となりましたがすぐに青森県へ編入されました。

近藤勇

土方歳三

新選組

幕府が将軍警護のため江戸で召集して上洛させた浪士隊の一部を「会津藩御預」として引き受けました。ここに近藤勇と土方歳三が率いる剣客集団「新選組」が誕生したのです。（国立国会図書館蔵）

幕末の京を震撼させた尊攘派による天誅の嵐

過激派

桜田門外の変や、坂下門外の変で幕府の権威が失墜すると、尊皇攘夷の風潮が強まりました。尊皇攘夷派の志士達は、天皇のお膝下である京都に集結し、天に代わって誅伐を下す「天誅」という名目で、開国派や佐幕派の志士らを襲いました。安政の大獄で尊皇攘夷派の検挙に活躍した島田左近を斬首したのを皮切りに殺戮を繰り返しました。

本間精一郎

本間の遭難の地には石碑が建ちます。MAP►P82

本間精一郎は越後（新潟県）の商家出身で、一定の藩に属さない尊皇攘夷論者として活動しました。しかし弁舌が過激すぎて敵をつくり、酒色に溺れることもあって多くの志士の反感を買ったため、ついに同じく尊皇攘夷を掲げる過激派の一派に襲われて斬殺され、四条河原に首を晒されました。

岡田以蔵

土佐の下級郷士出身の岡田以蔵は、武市瑞山とともに江戸の桃井塾で学び、土佐勤王党に属しました。剣術に優れていたため、龍馬は勝海舟の護衛を任せたと伝わります。武市瑞山の命によって本間精一郎襲撃など多くの過激派の天誅事件に関わったとされ、薩摩の田中新兵衛らとともに「幕末四大人斬り」として恐れられました。しかし八月十八日の政変以降の尊皇攘夷派を襲った逆風の中で捕らえられて土佐に投獄されます。拷問に耐え切れずにかつての吉田東洋暗殺事件を自白して斬首され、結果的にはそれを主導した武市瑞山を自害に追い込むこととなりました。

吉村寅太郎

（梼原町教育委員会提供）

土佐藩の庄屋出身で、龍馬より一足早く脱藩し、尊皇攘夷運動に身を投じます。公家の中山忠光を擁して天誅組と称する倒幕組織を結成。孝明天皇の大和行幸の際に、大和五条の代官所を襲撃しますが、直後の八月十八日の政変によって情勢は一変します。孤立した天誅組は諸藩に攻められて壊滅、吉村寅太郎も無念の戦死を遂げました。

武信稲荷神社

京都の中心部にあった牢獄「六角獄舎」では、安政の大獄以後、多くの政治犯が捕らえられました。元治元（1864）年に起こった禁門の変では市中に火の手が回ったため、入牢者が火災にまぎれて脱走することを恐れ、過激な尊攘派で知られた平野国臣や古高俊太郎ら30数名の志士がこの場で斬首されました。かつては龍馬の妻・お龍の父も入獄しており、先に様子を見に来た龍馬が、お龍に来たことを知らせるため、近くの神社の榎の木に「龍」の字を刻んだと伝えられています。

六角獄舎

かつて獄舎のあった地には歴史を伝える木札が建ち、すぐ近くの武信稲荷神社の境内には龍馬が「龍」の字を刻んだ木があります。

四策　龍馬運命の人物を知れ

幕府のエリートに弟子入り

　土佐を脱藩した浪人の龍馬は、土佐藩の間崎哲馬（まさきてつま）や近藤長次郎（こんどうちょうじろう）の協力（千葉重太郎の紹介とも）により、越前福井藩主松平春嶽に拝謁するチャンスに恵まれます。龍馬の将来性を見抜いた春嶽は、当時幕府高官の軍艦奉行であった勝海舟に対する紹介状を龍馬に与えます。勝は幕臣でありながら、その枠組みを越えて日本の将来を計り、小さな島国の日本が西洋列強に対抗するには、貿易を盛んにして国力をつけ、軍艦を擁した強力な海軍をつくる必要性があると考えていました。

　龍馬は重太郎とともに勝を訪ね、その卓越した見識と先進的思想に感銘を受け、尊皇攘夷志士から一転、その場で勝に弟子入りしました。勝

乙女宛の手紙

龍馬は勝の度量を評し、姉の乙女宛の手紙に「日本第一の人物、勝麟太郎殿という人の弟子になり」と書いています。（京都国立博物館蔵）

の発案である海軍操練所（かいぐんそうれんじょ）の設立に尽力し、その前身にあたる海軍塾では塾頭を務めたといわれます。勝の命を受けた龍馬は再び春嶽を訪ね、福井藩の年間の予算に相当する5000両（1000両とも）ものの大金の借用に成功しました。活躍が認められた龍馬は春嶽や勝の尽力により、藩主山内容堂に脱藩の罪を許されます。また薩摩藩の西郷隆盛など諸藩の実力者からも一目置かれていた勝に認められたことで、一浪人であった龍馬の存在価値は高まり、その後の志士活動の基盤をつくりました。

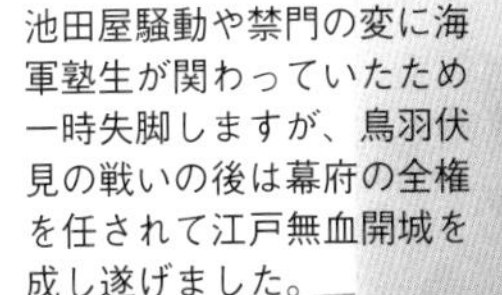

勝海舟

池田屋騒動や禁門の変に海軍塾生が関わっていたため一時失脚しますが、鳥羽伏見の戦いの後は幕府の全権を任されて江戸無血開城を成し遂げました。（国立国会図書館蔵）

咸臨丸

海軍の必要性を早くから主張した勝は、自ら咸臨丸（かんりんまる）の指揮を執って太平洋を横断し、帰国後は軍艦奉行に就任しました。（木村家所蔵、横浜開港資料館保管）

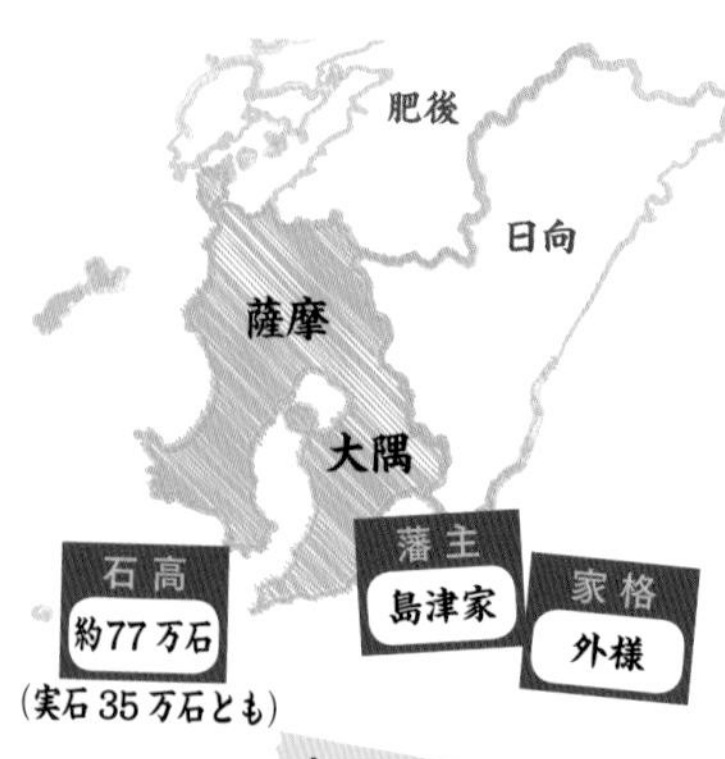

薩摩藩

したたかな交渉力と驚異的な軍事力を誇る

藩主である島津家は鎌倉幕府の守護以来の歴史をもち、戦国大名として名を馳せた島津義弘の三男である家久が初代藩主となりました。加賀藩に次ぐ大藩であったことから常に幕府の厳しい監視下と過酷な労役のもとで藩財政が逼迫していました。しかし、「薩摩に暗君なし」と称されるように、歴代藩主は英邁で、文政10（1827）年に断行された調所広郷の藩政改革が功を奏して雄藩となります。幕末には島津斉彬の画策で薩摩出身の篤姫が13代将軍徳川家定の正室になるなど幕府に対する発言力も強めました。斉彬死後も実弟であった久光が公武合体を進めて存在感を示し、西郷隆盛、大久保利通らの逸材が薩摩藩を動かして討幕を成し遂げ、明治政府の要職を長州藩と二分しました。

大久保利通

（国立国会図書館蔵）

島津久光

（国立国会図書館蔵）

―龍馬を知るための**キーパーソン**―

さいごうたかもり　きちのすけ

西郷隆盛（吉之助）

器の大きさは桁外れ 人望厚き薩摩の英雄

薩摩藩の下級武士出身ながら島津斉彬に見出されて薫陶を受けましたが、斉彬の急死によって失脚します。斉彬の実弟であった久光とはそりが合わず、勘気を被って流罪となるなど不遇の時代を過ごします。しかし久光に取り立てられた大久保利通らの運動で復帰を果たすと、薩摩藩の軍事を掌握し、さらには龍馬らの仲介で薩長同盟締結を実現します。新政府軍となってからは政府の軍事を任され、戊辰戦争を勝ち抜いて討幕を実現しました。明治政府でも陸軍大将と近衛都督を兼務するなど活躍しますが、征韓論に敗れて下野すると不平士族の頭目として迎えられて不本意ながらも西南戦争を引き起こします。最期は士族の終焉を引き受けるかのように従容として自刃しました。

勝海舟に西郷の人物評を尋ねられた龍馬は「少したたけば少しく響き、大きくたたけば大きく響く。もしばかなら大きなばかで、利口なら大きな利口だろう」と答えました。
（国立国会図書館蔵）

五策 龍馬の将来の夢を見よ

世界の貿易会社を設立

神戸海軍塾の塾頭として邁進していた龍馬でしたが、池田屋騒動に海軍塾生が関わっていたことから責任者の勝海舟は職を解任され、龍馬は後

トーマス・グラバー

（長崎歴史文化博物館蔵）

グラバー園

グラバーは伊藤博文や森有礼らの海外留学を手伝い、蒸気機関車の試走や炭鉱の開発など日本の近代化に貢献しました。現在、邸宅跡がグラバー園として公開されています。

龍馬と亀山社中の仲間

写真は慶応3(1867)年の1月に撮影されたと思われ、海援隊の結成は同年4月であることから、亀山社中の頃と推察されています。龍馬は左から3番目。(霊山歴史館蔵)

ろ盾を失いました。その後、勝の勧めで薩摩藩の保護を受け、長崎にて海軍塾生や土佐藩士らの仲間と「亀山社中」という貿易会社を設立します。さらに盟友の武市瑞山ら土佐勤王党の仇敵であった土佐藩の後藤象二郎と手を結ぶことで、亀山社中を土佐藩の外部組織として「海援隊」に発展させました。

いろは丸沈没事件など海難事故に見舞われながらも、当時諸外国との武器の売買を禁止されていた長州藩に代わって、薩摩藩名義で武器商人のグラバーから武器を購入して長州藩へ転売することに成功します。こうして物資面からのアプローチで両藩の溝を埋めることに貢献し、薩摩藩、長州藩から一目置かれる存在となった龍馬は、来たる薩長同盟締結にも、信頼をもって大活躍することになります。

龍馬の見た夢と希望は
この組織に託された

海援隊（かいえんたい）

亀山社中は薩摩藩の援助を受けていましたが、事故続きで船が入手できず経営は行き詰まります。そんな折、土佐藩の後藤象二郎が龍馬を訪ねて来ます。政界進出に遅れをとった土佐藩は、龍馬の航海経験を活かして藩の貿易を発展させようとします。一方の龍馬は経営難を打開するため、かつての仇敵である後藤との過去を清算して手を携えます。

これにより亀山社中を解消し、土佐藩の外部組織として海援隊が誕生しました。土佐藩という後ろ盾がついたため船の借用が可能となり、伊予大洲（おおず）藩の蒸気船「いろは丸」を借りて海援隊の初航海となりました。しかし、いきなり紀州藩の船と衝突していろは丸は沈没し、両者の談判は難航します。龍馬は『万国公法（ばんこくこうほう）』という国際法律書を駆使して巧みな交渉を行い、後藤の助力もあって賠償金を勝ち取り、危うく難を逃れました。

海援隊は、基本的に脱藩者、海外に志のある者で構成され、運輸・射利（営利）・開拓・投機の中から仕事を選択して商売ができ、武士の商業活動を卑しむ時流の中で非常に先進的な組織でした。龍馬は勝海舟の意志を引き継ぎつつ、商いによって日本を立て直そうと歩み始めたのです。

龍馬が命名したとされる「いろは丸」は、全長約54メートル、約160トンの英国製蒸気船で、3本マストを擁していた。（西野隆徳画像作成、福山市鞆の浦歴史民俗資料館提供）

――龍馬を知るためのキーパーソン――

岩崎弥太郎（いわさきやたろう）

龍馬の夢に触発され 海援隊を世界的企業に

土佐の最下級郷士に生まれ、後藤象二郎とともに吉田東洋に学びます。材木商で失敗し、失意のうちに農業に従事していましたが、権力を握った後藤の呼びかけで、土佐商会の長崎留守居役となり、龍馬の海援隊の会計係も務めました。龍馬暗殺後は、土佐商会を任されて商才を発揮します。廃藩置県の直前に安くなった藩札を大量に購入し、その後新政府に買い上げてもらうことで巨万の富を得て、海運業に乗り出しました。西南戦争ではリスクを顧みずに、政府の運送を一手に引き受けて信頼を勝ち取り、現在まで続く三菱の基礎を固めました。惜しくも病に倒れ、52歳で亡くなりました。

「東洋の海上王」の異名をとり、三菱財閥の礎を築きました。現在の三菱のマークは、藩主山内家の三葉柏と岩崎家の三階菱の家紋を合わせたものです。（国立国会図書館蔵）

六策

龍馬の私生活に迫れ

日本初の新婚旅行

周囲約52キロの半島である桜島は鹿児島県のシンボル。活火山として噴煙を上げる御岳の姿に龍馬とお龍も見入ったことでしょう。

桜島

おまんは
おもしろき
女やねゃ

慶応2（1866）年1月24日未明に起こった寺田屋事件では、お龍の機転もあって龍馬は九死に一生を得ます。

直後に龍馬とお龍は結婚しますが、事件の際に受けた両手の傷は思いのほか深く、なかなか治りませんでした。そこで西郷隆盛や小松帯刀の勧めで、しばらく危険を回避するためと湯治目的を兼ねて、お龍とともに薩摩へ向かうことになりました。

3月1日に西郷や小松とともに伏見を発ち、薩摩に入るとまずは小松の別荘に滞在します。3月16日には湯治に向

霧島登山図

龍馬自筆の高千穂峰のスケッチ手紙は、登山ルートが朱色で示され、その険しさに「すこしなきそうになる」と弱音を正直に記すなど、龍馬の人柄を身近に感じることができます。（京都国立博物館蔵）

から小松とともに霧島温泉へ出発し、西郷が湯治場としていた日当山温泉や塩浸温泉、硫黄谷温泉などの温泉めぐりを楽しみます。その合間には高千穂峰に登って山頂にあった「天の逆鉾」を引き抜いたり、帰りには霧島神宮に参拝するなど、観光要素を随所に織り交ぜた旅を楽しんだことから、後世、「日本初の新婚旅行」とも呼ばれました。温泉宿滞在中、晴れた日は魚釣りをしたり、短銃で狩猟をしたりするなど、気のおもむくままにゆったりと時間を過ごし、お龍の献身的な世話もあって傷も癒え、たっぷりと英気を養いました。約40日にも及ぶ旅を終えて4月12日に鹿児島に戻った龍馬は、激しさを増した動乱の時代へと再び舞い戻っていったのです。

新婚湯治碑

霧島神宮

塩浸温泉には新婚湯治碑が建つ。龍馬らが参拝した霧島神宮は瓊々杵尊（ににぎのみこと）を祭神とする古社。ほかに安産の神として信仰される石體神社に詣でたといわれています。

楢崎龍（お龍）

（ならさきりょう　りょう）

波乱に満ちた龍馬最愛の伴侶

医師であった父・楢崎将作（しょうさく）を安政の大獄で失い、母と幼い兄弟を支えるため旅館で働くなど各地を転々としている中で龍馬と出会いました。龍馬は姉の乙女宛の手紙の中でお龍を紹介する際、悪党に妹が連れ去られたときにお龍が刃物を持って命懸けで取り返しに行ったエピソードを記しています。その自由奔放な性格と真っ直ぐな心を気に入った龍馬は寺田屋にお龍を預けます。幕府の捕方による寺田屋襲撃の際は、入浴中であったにも関わらず、真っ先に危機を知らせて龍馬の窮地を救いました。その後、二人は薩摩へ旅行し、人生で最も平穏な時間を過ごします。しかし、それから2年も経たぬうちに龍馬は世を去り、お龍は髪を切って霊前に供え、泣き伏したといわれています。

お龍と会った土佐藩佐々木高行の日記には「有名な美人」と書かれています。写真は明治5年頃に撮影されたものと推測されています。（井桜直美氏提供）

維新回天の一方で
龍馬が求めた女性像

龍馬の恋愛観

龍馬は女性に人気があったと伝わりますが、深く関わった女性を見ると、女性の好みははっきりしていたようです。まず見た目が美人であるという点、育ちがよく、勝気で行動的な女性である点も共通要素として見られます。おそらくこれは男勝りな姉の乙女によって育てられたことも影響していると思われます。

初恋の相手とされる平井加尾(ひらいかお)には男装を指示するかのような手紙を書き残していたり(一説には勤皇運動に従事させるためとも)、千葉道場で懇意になった千葉さな子は北辰一刀流の使い手でよい練習相手であり、妻となったお龍は「家に入らず、船を手に入れて世界中を旅してみたい」と龍馬に宣言していることから見ても、龍馬は自分自身に似た点を女性に求めていたのかもしれません。また龍馬は恋愛相手との恋模様を姉の乙女に手紙でこまめに報告しており、そうしたいじらしい姿にも龍馬の人柄が伺えます。

晩年のお龍

龍馬亡き後は商人西村松兵衛と再婚しますが、晩年はアルコール依存症であったといわれ、不遇の時代を送り、66歳で永眠しました。

世紀の二大改革を実行

三吉治敬氏蔵、米熊・慎蔵・龍馬会管理

薩長同盟（さっちょうどうめい）

誠意と実利を重視した歴史的和解の橋渡し

戦国時代からの大大名であった毛利家と島津家は、それぞれ江戸幕府から厳しい監視を受けながら長州藩、薩摩藩として存続し、幕末の藩政改革を成功させて雄藩となりました。当初、長州藩は朝廷に入り込んで尊皇攘夷運動の中心となり、一方の薩摩藩は幕府と朝廷とを結び付ける公武合体運動を進めていたため、両藩は完全な対立関係にありました。長州藩は、八月十八日の政変で薩摩藩・会津藩の連合に出し抜かれた形で京都を追われ、禁門の変、続く第一次長州征討で薩摩藩に屈服させられたことから、心底恨みぬいていました。

しかし、時代は幕府に対抗できる勢力を必要としており、土佐藩を脱藩した中岡慎太郎のように両藩の関係の修復を働きかける人物も次第に

木戸家文書の龍馬裏書

密約であった薩長同盟は明文化されず、慎重を期する桂は、対幕府との決戦の決意を含む6カ条の盟約を龍馬宛の手紙に示し、証拠のための裏書を求めました。朱墨の文字は、証人となった龍馬の自筆。（宮内庁書陵部蔵）

現れました。そして話し合いの交渉だけでは簡単に埋まらない両藩の溝を埋めるのに、大きな役割を果たしたのが龍馬の設立した亀山社中でした。当時、朝敵と見なされていた長州藩は、外国から武器の購入を禁じられていたため、薩摩藩名義で艦船や武器を購入することが薩長和解への条件でした。長州藩から依頼を受けた龍馬は、亀山社中の近藤長次郎を中心にグラバーと交渉し、多額の洋式銃や蒸気船を購入し、長州下関への運搬に成功します。一方、薩摩へは長州から米を送るというプランでした。亀山社中の尽力により両藩の長年のわだかまりを氷解させ、京都の薩摩藩邸で会合が行われることになります。

いよいよ同盟合意のための会合にこぎつけたものの、長州藩代表の桂小五郎も薩摩藩代表の西郷隆盛や大久保利通も藩の面子を優先させて、自ら同盟の話を切り出そうとはしませんでした。進展のない会合に遅れてやって来た龍馬は、その状況を知るや西郷を訪ねて説得します。「両藩の言い分、いちいち承ろう、しかし今は長州の桂、薩摩の西郷といっている時ではなかろう、おのおの今回は日本のために集まってくださったのではなかったのか?」。これには西郷も感銘を受けて、薩摩藩から同盟が申し込まれ、長州藩の桂も手を携えることを誓ったといいます。龍馬の日本を想う熱き心と行動力が、両藩の英傑の心を揺り動かし、ここに明治時代への扉を叩く「薩長同盟」が締結されました。

——龍馬を知るための**キーパーソン**——

中岡慎太郎（なかおかしんたろう）

龍馬の一歩先をゆき ともに刺殺された同志

土佐郷士の出身で尊皇攘夷運動に身を投じ、土佐勤王党にも加わっています。しかし、安政の大獄の影響で土佐勤王党に対する弾圧が始まるといち早く脱藩し、長州藩に身を寄せて、尊皇攘夷志士のまとめ役となりました。禁門の変では長州藩に協力しますが敗れ、次第に尊皇攘夷から雄藩の連合による倒幕路線へと方向を変えます。薩長同盟に動き出したのも、大政奉還を唱えたのも、龍馬より慎太郎の方が先で、常に龍馬の一歩先をゆく存在でした。平和路線を目指した龍馬とは異なり、陸援隊（りくえんたい）を組織して武力討幕の準備をするさなかに近江屋にて襲撃に遭い、激動の生涯を閉じました。享年30。

武闘派の印象が強い一方で、お龍の回想によれば、中岡は「面白い人で、私を見るとお龍さん僕の顔に何か付いていますか」と冗談をいう一面もありました。（国立国会図書館蔵）

大政奉還（たいせいほうかん）

龍馬が構想したのは世界の中の「日本」

大政奉還

慶喜は、朝廷に政権を運営する能力も体制もないと考え、一旦政権を返上して再度実権を握ろうと企みます。図は邨田丹陵作の壁画『大政奉還』。（聖徳記念絵画館蔵）

薩長同盟が締結された後、両藩は討幕を実行するべく朝廷を旗頭に新政府樹立を目指します。この路線は武力衝突が避けられず必然的に内乱を招くことが予想されました。龍馬は、諸外国が日本の国土を狙う有事に内乱を起こすことは避けたいと考え、武力討幕回避のための秘策「大政奉還」を画策します。もし幕府が大政奉還を行なった場合、徳川家も朝廷の下に位置して諸藩と同じ立場になることから、討幕の大義名分はなくなり、かつ諸藩に比べて圧倒的な石高と人材を揃えた徳川家が朝廷内の政治をリードするのは明白で、徳川家存続を図ることができました。

そこで龍馬は長崎から京都へ向かう船中で、第一策に大政奉還を含む新国家の構想を描いた「船中八策」を同行していた後藤象二郎に示し、大政奉還を土佐藩の藩論として幕府に提案するよう働きかけます。後藤はすぐさま賛同して前藩主山内容堂に伝え、容堂もこの提案を喜び、15代将軍慶喜へと建白しました。

日本をいま一度
洗濯いたし申し候

龍馬の提案した船中八策に感化され大政奉還を実現するべく、前藩主容堂や他藩の説得に奮闘しました。（福井市郷土歴史博物館蔵）

新政府綱領八策

船中八策に基づく「新政府綱領八策」は、大政奉還後に書かれたと推測され、船中八策で示された大政奉還は書かれていません。龍馬の直筆により新政府の構想が書かれています。（国立国会図書館蔵）

聡明な慶喜はこの提案を受け入れ、慶長3（1867）年10月14日、諸藩の代表を召集した二条城大広間にて大政奉還を奏上し、265年間続いた江戸幕府の歴史に幕を降ろしました。龍馬はこれを聞いて内乱が回避されたことを喜び、「慶喜公、その心中を深くお察し申す。今後はこの命、慶喜公のためにいつでも差し出さん」と語り、涙したと伝わります。

　これによって薩長側は、一時的に討幕活動を停止せざるを得なくなりました。薩長同盟を仕掛けて倒幕を目指す大きな勢力を誕生させたかと思えば、大政奉還を提案して内乱を避け、結果的には幕府の存続を図った龍馬。一見矛盾した行動ですが、龍馬にとっての大事は薩長でも幕府でもなく、諸外国の脅威に迅速に対応できる新しい日本国を生み出すことだったのです。新しい時代を目前にして龍馬は世を去りますが、龍馬が唱えた船中八策は、「五箇条の御誓文」の原案として明治新政府の国政の指標となり、龍馬の亡き後も、その思想は日本を支え続けたのです。

岩倉具視

下級公家出身ながら、討幕を目指す薩長と手を結んで朝廷を動かし、王政復古の大号令を実現します。維新後は政界の中心となって日本の近代化に貢献しました。
（国立国会図書館蔵）

大久保一翁

旗本出身で要職に就き、意見書を出した勝海舟の能力を見出します。龍馬より以前から大政奉還論をもつなど先見の明があり、龍馬の構想にも影響を与えました。
（国立国会図書館蔵）

—龍馬を知るための**キーパーソン**—

徳川慶喜

とくがわよしのぶ

時代の幕を降ろした 徳川最後の将軍

水戸藩主徳川斉昭の七男として生まれ、一橋徳川家を継ぎました。幼少の頃から英邁で知られ、第13代徳川家定の将軍継嗣問題では紀州藩の徳川慶福と争います。後に第15代将軍となり、幕府の存続を図って大政奉還を実現します。しかし、岩倉具視や大久保利通の画策で「王政復古の大号令」が出されると、慶喜には辞官納地が命じられます。憤る家臣に押された慶喜は、薩摩藩の挑発を機に「鳥羽伏見の戦い」を引き起こしました。新政府軍に敗れると、家臣を置き去りにして江戸へと帰り、勝海舟に全権を任せて慶喜は謹慎し、結果的には江戸城の無血開城に役割を果たします。維新後は趣味生活に没頭し、77歳で没しました。

鳥羽伏見の戦いで錦の御旗が翻って朝敵となるや、抵抗をやめて謹慎したのは、出身の水戸藩が尊皇思想であったことにも起因するといわれています。
(茨城県立歴史館蔵)

八策

龍馬暗殺の謎を追え

彗星のように去る

最も有名な龍馬の立像写真。寺田屋襲撃の際に負傷した左手を懐に隠しているとされ、当時では珍しいブーツを履いています。慶応2（1866）年、32歳のときに撮影されたと思われます。

（高知県立歴史民俗資料館蔵）

京都見廻組隊士であった桂早之助のもので、龍馬を斬った刀と伝わります。短い刀身には無数の傷が残っています。（霊山歴史館蔵）近江屋の屏風に飛び散った血痕も戦闘の激しさを物語っています。（京都国立博物館蔵）

「薩長同盟」から「大政奉還」へと日本を大きく動かし、いよいよ新しい時代の幕開けを目前にした運命の慶応3（1867）年11月15日夜、近江屋に潜んでいた龍馬は何者かの手によって凶刃に倒れました。同志の中岡慎太郎と熱心に懇談している最中の不意の襲撃であったため、龍馬は防御もままならず、頭蓋骨を割られた三太刀目の後、「石川、刀はないか」と慎太郎の変名を呼んだのを最後に声を発しなくなりました。応戦した慎太郎も重傷を負って翌々日に亡くなり、土佐藩が生んだ二人の英傑は波乱万丈の人生に突然幕を降ろしたのです。坂本龍馬、享年33。奇しくも、その誕生日にこの世を去りました。

石川、
刀はないか

暗殺者の謎

未だに真相は薮の中
諸説紛々のミステリー

龍馬暗殺は当初新選組の仕業と考えられていました。現場に落ちていた刀の鞘が新選組隊士の原田左之助のものであるという証言や、現場にいた慎太郎が「こなくそ」という原田の出身の伊予弁を耳にしていたからです。しかし、局長近藤勇は事件の関与を否定しました。明治以降になって新選組と同じく京都の治安

黒幕と実行犯

黒幕説

★ 紀州藩　三浦休太郎 ★
いろは丸事件で、龍馬は紀州藩相手に多額の賠償金を勝ち取ったことからその恨みによる犯行と考えられています。

★ 新選組　近藤 勇 ★
薩長同盟の立役者である龍馬は、幕府を守る新選組から見ると最重要の危険人物とみなされていました。

★ 長州藩　桂小五郎 ★
長州征討など幕府に最も恨みを抱いていた長州藩は、幕府温存を図った龍馬が邪魔になったと考えられます。

★ 薩摩藩　西郷・大久保 ★
龍馬は大政奉還を画策し平和裏に討幕を阻止したため、武力による討幕を目指した薩摩藩の妨げになったと考えられます。

★ 武器商人　グラバー ★
武器商人のグラバーから見ると、国内の戦乱を引き起こさないように動く龍馬は、商売の邪魔になったと考えられます。

実行犯説

★ 新選組　原田左之助 ★
現場に落ちていた鞘や伊予弁の「こなくそ」という言葉から当初疑われました。

★ 御陵衛士　伊東甲子太郎 ★
黒幕と噂される薩摩藩からの援助を受けていたことや、新選組の鞘の証言の出所です。

★ 薩摩藩士　中村半次郎 ★
示現流の達人で西郷に忠誠を誓っていたため、薩摩藩の前途を案じて龍馬を襲ったと考えられます。

★ 京都見廻組　佐々木只三郎 ★
明治になって今井信郎ら複数の証言者が現れ、現在は実行犯説の主流となっています。

維持に当たっていた元京都見廻組の今井信郎や渡辺篤の告白によって、現在では同組与頭の佐々木只三郎、今井、渡辺ら数名を犯人とする説が有力です。しかし今井と渡辺の発言にも食い違いが見られることや、見廻組が実行したのであれば、幕府から公然と狙われていた龍馬の暗殺をなぜ隠す必要があったのかなど疑問も残ります。一時は焼飯を「うまいうまい」と食べるほどに回復していた慎太郎が犯人に関して多くを語っていないところも不自然です。いずれにせよ150年たった今も真相は闇に包まれています。

龍馬暗殺

龍馬は一太刀目で額を横に割られ、二太刀目で腰を斬られます。三太刀目は鞘に入ったままの刀で刺客の刃を受けますが、相手はそのまま斬り下げ、龍馬の頭蓋骨を割りました。龍馬には大小34カ所もの刀傷があったという史料もあります。霊山歴史館では龍馬暗殺の瞬間を模型で忠実に再現しています。

龍馬とゆく京都

薩長同盟、大政奉還を実現するべく
龍馬は維新の嵐が渦巻く京都へ身をおく
晩年、龍馬が活動拠点とした伏見
一躍政治の表舞台となった御所・二条城
龍馬最期の地となった河原町・木屋町
そして龍馬が眠る東山
今も語り継がれて止まない
古都に残る龍馬の足跡を追う

伏見

龍馬が愛した京都の玄関口

豊臣秀吉が晩年に築いた城下町で、江戸時代も京都の玄関口として水陸の交通の要所となって繁栄しました。龍馬の活動拠点です。

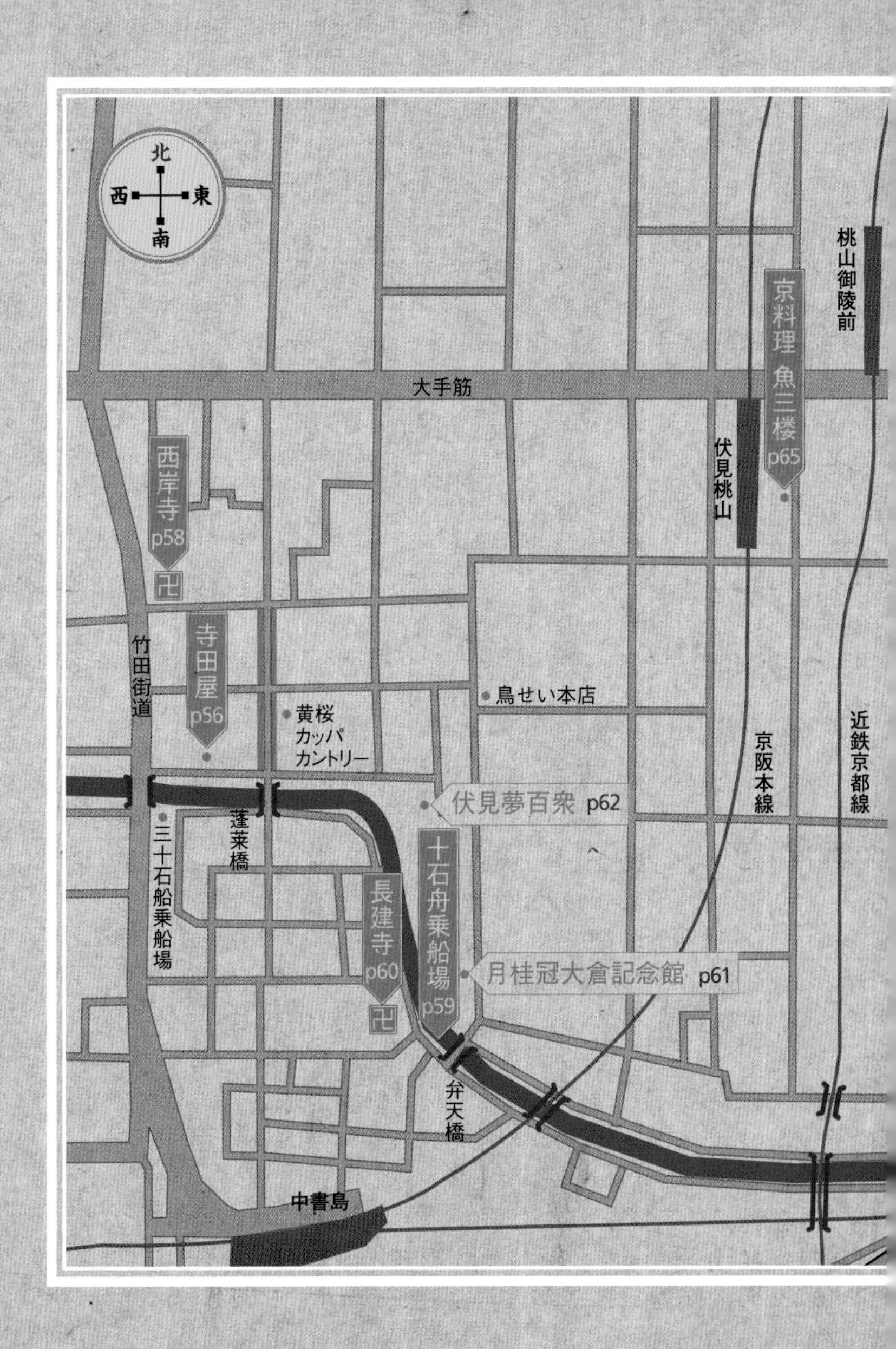
北
西
東
南
大手筋
西岸寺 p58
寺田屋 p56
竹田街道
黄桜カッパカントリー
鳥せい本店
伏見夢百衆 p62
三十石船乗船場
蓬莱橋
長建寺 p60
十石舟乗船場 p59
月桂冠大倉記念館 p61
弁天橋
中書島
京料理 魚三楼 p65
伏見桃山
桃山御陵前
京阪本線
近鉄京都線

寺田屋(てらだや)

龍馬の足跡が色濃く残る

日暮れ時には大提灯がともされ、往時の船宿風情をとどめます。現在も宿泊することができます。

◆住所　京都市伏見区南浜町263
◆TEL　075-622-0243
◆開館時間　10:00〜15:40
◆定休日　年始休、月曜不定休あり
◆見学料　一般400円、中高生300円、小学生200円

MAP ▶ P53

寺田屋の庭には、龍馬の銅像や寺田屋騒動記念碑が建ち、お登勢を祀った「お登勢明神」もあります。

伏見は、伏見と大阪を結ぶ三十石船と、伏見と二条を結ぶ高瀬舟の乗り換え地であったため、多くの船宿がありました。寺田屋はそんな伏見の船宿の一つで、薩摩藩の定宿ともなっていました。文久2（1862）年、薩摩藩急進派有馬新七（ありましんしち）以下35名が関白九条（くじょう）尚忠（ひさただ）と京都所司代の殺害を計画して集結していたところに、同じく薩摩藩士が鎮圧に来て両者乱闘となり、有馬以下9名が死亡した寺田屋騒動という事件が起こります。また慶応2（1866）年、寺田屋を常宿としていた龍馬は伏見奉行所の捕方に襲われましたが、お龍の機転もあって辛くも難を逃れました。

幕末のコラムぜよ

龍馬最大のピンチをお龍の行動力が救う

勝気で行動的であったお龍は龍馬に愛され、龍馬の紹介によって寺田屋に預けられていました。薩長同盟が締結した直後、寺田屋に戻った龍馬を幕府の捕方が包囲します。これをお風呂に入った時に目撃したお龍は、とっさに裸で階段を駆け上がって2階にいた龍馬に危機を知らせたため、龍馬は虎口を脱することに成功しました。

龍馬、三吉慎蔵と死地を脱出
薩摩藩邸にかくまわれる

お龍の機転で身に迫る危機を察知した龍馬は、寺田屋からの脱出を図ります。その時同席していたのが長州藩士三吉慎蔵です。

宝蔵院流槍術の達人であった三吉は薩長同盟の重要人物である龍馬の護衛として寺田屋に滞在していました。二人で薩長同盟締結の祝いの盃を挙げているところを伏見奉行所の捕り方に踏みこまれ、三吉は槍を振るい、龍馬はピストルで応戦しますが龍馬は手、指に深手を負ってしまいます。龍馬をかばいながら、濠（ほり）川の材木小屋にたどり着いた三吉は、龍馬を隠して薩摩藩邸に助けを求めます。

この件をきっかけに龍馬と三吉は固い友情でむすばれます。常に命の危険のあった龍馬は三吉に「万一のご報知仕候時ハ、（略）愚妻おして尊家に御養置可被遺候よふ」との書簡を送り、お龍の後事を託しました。

龍馬の死後、三吉は龍馬との約束通りお龍を長府の自宅に引き取って3か月面倒をみて、その後お龍を高知の坂本家に送り届けました。

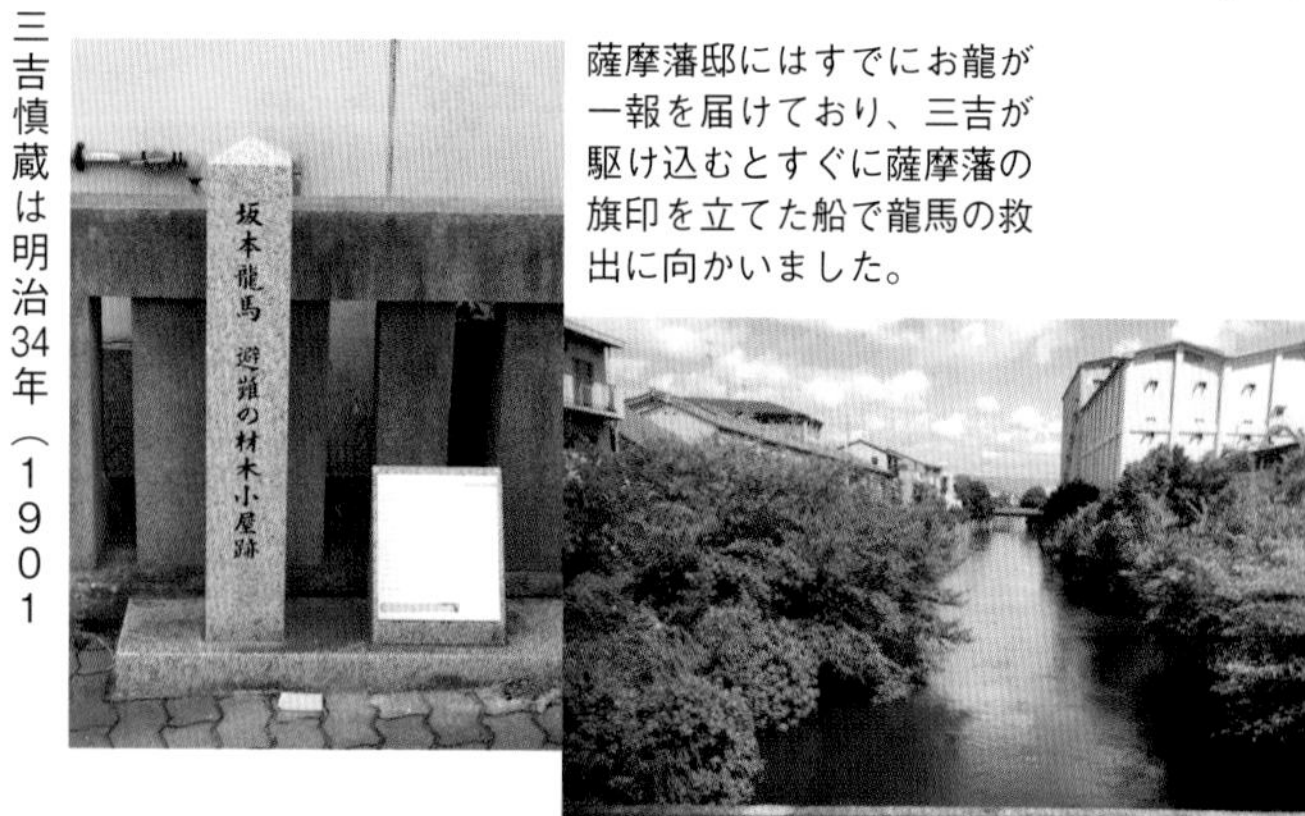

三吉慎蔵は明治34年（1901年）、71歳まで生き、寺田屋事件については「三吉慎蔵日記抄録」に詳しくその模様が記録されています。

薩摩藩邸にはすでにお龍が一報を届けており、三吉が駆け込むとすぐに薩摩藩の旗印を立てた船で龍馬の救出に向かいました。

竜馬通り商店街

逃走ルートでひと休み

全国を飛び回っていた龍馬は京都に来るときは大阪から船を使って伏見に入ることが多かったので、常宿だった寺田屋界隈は龍馬にはおなじみの街並みだったのかもしれません。寺田屋で龍馬が捕り方に襲撃された際には、龍馬はこの辺りを駆け抜けて逃走したといわれています。

時は過ぎ、寺田屋の東側、油掛通から蓬莱橋にかけて「竜馬」の名前を冠した商店街が生まれました。寺田屋からぶらぶらと商店街を歩き、その逃走ルートをたどってみるのもおすすめです。商店街では龍馬グッズを取り揃えた「龍馬館」ものぞいてみて。

夏季と冬季を除く毎月第３日曜日には「お登勢市」、龍馬の生誕日11月15日前後の休日には「龍馬祭（りょうままつり）」も開催されています。

鎌倉時代の造立と伝わる油懸地蔵尊は石仏で、積もり重なった油の層は黒光りするほど。逸話になぞらえて油が供えられています。

西岸寺（さいがんじ）

- 住所　京都市伏見区下油掛町898
- TEL　075-601-2955
- 拝観時間　9:00〜16:00
- 拝観料　境内自由（地蔵堂拝観のみ200円）

MAP ► P53

龍馬を救った？ 商売祈願の地蔵尊

天正18（1590）年に雲海（うんかい）上人（しょうにん）によって建立。寺伝によると、行商に来た大山崎の油商人が地蔵堂に祀られている地蔵の前で転んで油をこぼしてしまったため、仕方なく残った油を地蔵にかけて帰ると商売が繁盛して大金持ちとなりました。以後、この地蔵尊は油懸地蔵（あぶらかけじぞう）と呼ばれ、油をかけて祈願すれば願いがかなうとして、人々の信仰を集めています。また寺田屋で襲撃を受けた際、龍馬はこの油懸地蔵に身を潜めたという伝説もあります。

伏見港と十石舟

豊臣秀吉(とよとみひでよし)によって城下町として開かれた伏見は、大阪と京都を結ぶ中継地となり、明治末期まで伏見港には多くの舟が集まりました。平成6年、かつての伏見港と十石舟の再現をするべく宇治川派流の濠川(ほりかわ)を整備し、伏見観光協会が屋形船仕様の遊覧船周航をスタートさせました(平成23年より、NPO法人 伏見観光協会が運営)。伏見の酒蔵の景色を眺めながら、小一時間の風情ある船旅は、繁栄を極めたかつての港町伏見を彷彿とさせてくれます。

乗船場	十石舟乗船場(長建寺より東 河川沿い)
TEL	075-623-1030
運航期間	初春〜晩秋
出港時間	10:00〜16:20(約20分間隔で出航)
運休日	月曜(祝日、4・5・10・11月を除く)
乗船料	1200円(小学生以下600円)

MAP ► P53

長建寺前より西に出港し、濠川と宇治川を結ぶ水門の三栖閘門を見学後、元の乗船場へ戻ります。春は夜桜、夏は夕涼みの特別運航も。

長建寺

龍馬もくぐった？紅殻の美しい門

「島の弁天さん」の愛称で親しまれる長建寺は、本尊が弁財天という珍しい寺院。元禄12（1699）年に伏見奉行所の建部内匠頭政宇によって創建されました。紅殻の門には「中書島」と呼ばれるこの地域がかつて花街として繁栄を極めた名残を見て取れます。

長建寺の岡田豊禅住職さんは、「この辺りには、昔紅屋というお茶屋があり、そこに龍馬がいることを聞きつけた奉行所の捕方が切り込んだという逸話も残っています。寺田屋を拠点としていた龍馬とお龍が、目と鼻の先にある当寺の弁天さんを拝みに来たと考えても間違いないでしょう」と歴史浪漫を伝えておられます。また「願いごとの叶う寺」としてお守りやおみくじが有名です。

寺にはこの界隈を監視していた伏見奉行所拾七番組のものと思われる史料が残り、今は無き紅屋の写真も残っています。

- 住所　京都市伏見区東柳町511
- TEL　075-611-1039
- 拝観時間　9:00 ～ 16:00
- 拝観料　境内自由

MAP ► P53

幕末の
お立ち寄りスポット

月桂冠大倉記念館（げっけいかんおおくらきねんかん）

日本の酒造り史を学ぶ

6120点もの用具が京都市の有形民俗文化財に指定されており、約400点が常時展示されている。

京の酒処、伏見を代表する酒蔵「月桂冠」。その発祥地に建つ明治期の酒蔵を利用した資料館では、京都市指定の有形民俗文化財に指定された酒造り用具を保存展示しています。実際の酒造りの工程も年間を通じて見学（要予約）ができ、中庭には酒造りに使われる仕込み水も湧いています。日本伝統の製法を知った後は、ぜひきき酒を。寛永14（1637）年創業の月桂冠、龍馬とともにこの地で永く愛されてきた銘酒を堪能できます。

◆住所　京都市伏見区南浜町247
◆TEL　075-623-2056
◆開館時間　9:30～16:30
◆定休日　お盆・年末年始休
◆入場料　一般400円、中高生100円（土産付き）

MAP ► P53

幕末の
お立ち寄りスポット

伏見夢百衆

酒豪の龍馬も驚く百銘酒

日本有数の酒処、伏見。界隈には数多くの蔵元があり、米の栽培から仕込み、酒瓶のパッケージにいたるまで酒の個性は“十酒十色”です。「伏見夢百衆」では18の蔵元から約100種の清酒を集め、日本酒好きのスタッフが伏見酒の味わいを教えてくれます。また、「酒まんじゅう」などのお土産も販売。大正年間築の月桂冠旧本社を改装したモダンな建物は、喫茶としても活用され、酒の仕込み水で淹れる珈琲やきき酒を楽しむこともできます。

住所　京都市伏見区南浜町 247
TEL　075-623-1360
営業時間　平日 10:30 ～ 17:00
　土日祝 10:30 ～ 18:00
定休日　月曜（祝日を除く）

MAP ► P53

オリジナルの「吟醸酒カステラ」と酒の仕込み水で一滴ずつ抽出する「水出し珈琲」のセット 850 円。

長建寺
「閼伽水」あかすい

守護神の弁財天は、河川が神格化したものといわれ、昔、インドでは水の神として尊崇されていました。「閼伽水」とは仏に供える水のことを指します。

黄桜カッパカントリー
「伏水」ふしみず

黄桜の本店蔵に湧き、かつて伏見が「伏水」と記されていたことから命名。「黄桜カッパカントリー」は酒造工程の紹介と、全国のカッパの資料を集めた資料館です。

御香宮神社
「御香水」ごこうすい

平安時代、境内から香りのよい水が湧き出し、この水を飲むと病気が癒えたことから、清和天皇より「御香宮」の名を賜り、名水百選にも認定されています。

その他の伏見名水スタンプラリー

大黒寺
「金運清水」きんうんしみず
キンシ正宗
「常盤井水」ときわいのみず
清和荘
「清和の井」せいわのい
藤森神社
「不二の水」ふじのみず
城南宮
「菊水若水」きくすいわかすい

月桂冠大倉記念館
「さかみづ」

「さかみづ」という名は「栄え水」とともに古くは酒の異名でもありました。現在もこんこんと湧き出ており、隣接する酒蔵で使用されています。入場400円。

鳥せい本店
「白菊水」しらぎくすい

「稲が枯れるようなとき、白菊の露の一滴より清水が湧き出す」と告げた白菊の翁伝説が残ります。御香水と同じ水脈とされ、多くの人が水汲みに訪れます。

幕末のお立ち寄りスポット

伏見（ふしみ）の名水（めいすい）めぐり
こんこんと湧き出る伏水

伏見は、かつて「伏水」と書かれたほど良水に恵まれた土地。暮らしの水として地元の人々の生活を支え、酒造りに適した水は多くの銘酒を造り、霊験あらたかなご神水として数多くの名水伝説も残っています。また、伏見区の社寺や酒造会社でつくる「伏水会」では、毎年3月21日から5月末にかけて、伏見の名水10ヵ所をめぐるスタンプラリーを開催しています。

伏水会
◆ TEL075-611-0559
（御香宮神社）
MAP ▶ P52

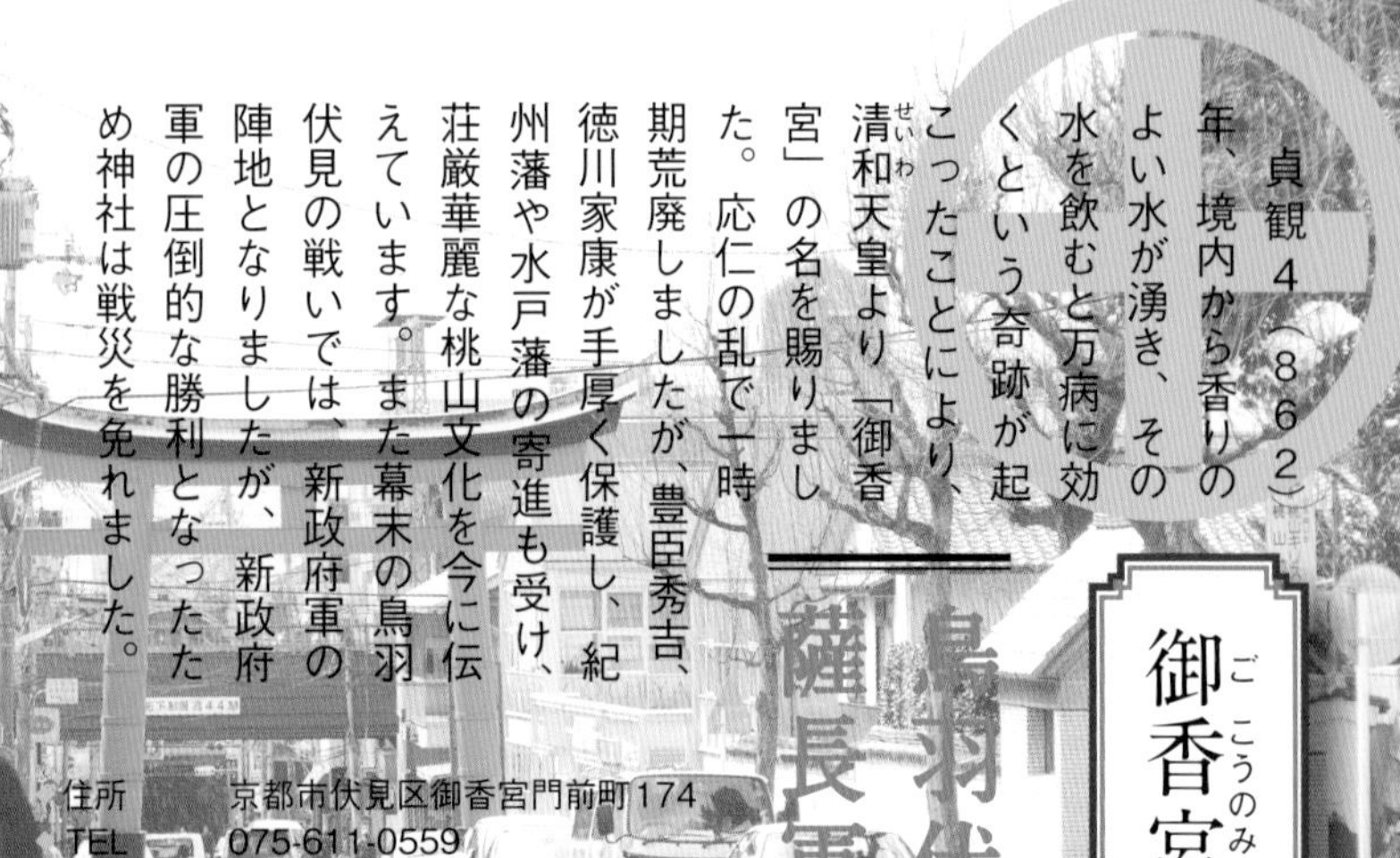

御香宮神社（ごこうのみやじんじゃ）

鳥羽伏見の戦い 薩長軍の本陣

貞観4（862）年、境内から香りのよい水が湧き、その水を飲むと万病に効くという奇跡が起こったことにより、清和（せいわ）天皇より「御香宮」の名を賜りました。応仁の乱で一時期荒廃しましたが、豊臣秀吉、徳川家康が手厚く保護し、紀州藩や水戸藩の寄進も受け、荘厳華麗な桃山文化を今に伝えています。また幕末の鳥羽伏見の戦いでは、新政府軍の陣地となりましたが、新政府軍の圧倒的な勝利となったため神社は戦災を免れました。

- 住所　京都市伏見区御香宮門前町174
- TEL　075-611-0559
- 拝観時間　9:00〜16:00
- 定休日　不定休
- 拝観料　境内自由（石庭拝観のみ200円）

MAP ► P52

社務所奥の庭園は、かつての伏見奉行所にて小堀遠州が作庭した時の石を移しており、昭和36年に中根金作氏によって新たに作庭されました。

幕末の
お立ち寄りスポット

京料理 魚三楼（うおさぶろう）

伏見の味と歴史を伝える

鳥羽伏見の戦いで刻まれた弾痕が表の格子に残るこちらは、江戸時代半ば、明和元（1764）年創業の京料理の老舗。京の南の玄関口である伏見港に揚がる瀬戸内海の魚や京野菜、伏見の湧き水を使い、各藩の大名屋敷の料理方や官軍の台所番を務めてきました。現在も、京料理の決め手となる出汁から、ごはん、お茶にいたるまで、使用する水は井戸から汲み上げた「御香水」。地酒に舌鼓を鳴らし、旬の魚や京野菜のもつ旨みを存分に堪能できます。

住所	京都市伏見区京町3丁目187
TEL	075-601-0061
営業時間	11:30～15:00 17:00～22:00
定休日	火曜・年末年始

MAP ► P53

梅の花弁をかたどった「花篭御膳」5000円（税別・サ込）は、会席仕立ての6品を盛った昼限定のお弁当。予約は必須。

龍馬を支えた女性たち

龍馬の女性観に最も影響を与えたのは3歳年上の姉乙女であったと考えられます。活発で男勝りであった乙女に育てられた影響か、龍馬の周りには溌剌とした女性が集まりました。

平井加尾（ひらいかお）

土佐勤王党の同志、平井収二郎（ひらいしゅうじろう）の妹で、龍馬の初恋の相手と伝わります。山内容堂の妹である信受院（しんじゅいん）が三条公睦（さんじょうきんむつ）に嫁ぐ際、その御付役として上洛し三条家に仕えます。その間、龍馬が送った手紙には「男装用の身支度をするように」と残されています。しかし用意をして待つ加尾のもとに龍馬が現れることはありませんでした。その後、西山志澄（にしやまゆきずみ）を婿に迎えて一女を儲けました。

加尾の遺品として伝わる胴掛け。龍馬らが寄せ書きした布が縫い付けられています。（高知県立歴史民俗資料館蔵）

千葉（ちば）さな子（こ）

北辰一刀流を創始した千葉周作の弟定吉の次女。小太刀に優れ、その美貌から「千葉の鬼小町」と呼ばれました。乙女宛の龍馬の手紙には「馬によく乗り、剣もよほど手強く、長刀もでき…かおたち（顔立ち）、平井（加尾）より少しよし」と記されています。16歳の頃、父の道場に学びに来ていた龍馬と知り合って惹かれ合い、婚約したとも伝えられ、龍馬の死を知った後も生涯独身で過ごしました。没後、山梨県清運寺に納骨され、墓石には「坂本龍馬室」（室は妻を意味する）と、最後まで龍馬を愛し抜いたさな子の一途な想いが刻まれています。

お登勢（とせ）

近江大津で旅館を営む家庭の次女として生まれ、伏見の船宿6代目の主人であった寺田屋伊助に18歳で嫁ぎました。放蕩三昧で家業を省みない夫をよそに、持ち前の明るさと面倒見の良さで寺田屋をうまく切り盛りし、龍馬をはじめ多くの志士をかくまうなどして人望を集めました。寺田屋で起こった2度の寺田屋事件もうまく切り抜けるなど才覚も抜群で、そんなお登勢に龍馬は郷里にいる姉の乙女をだぶらせていたのかもしれません。

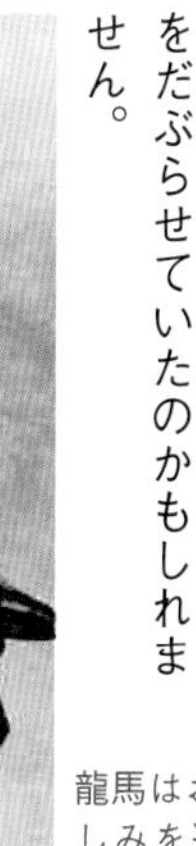

龍馬はお登勢を慕い、親しみを込めて「おかあ」と呼んだといわれています。（高知県立坂本龍馬記念館提供）

御所・二条城

幕末、一躍政治の表舞台へ

幕末、政局の中心となった京都御所と二条城の距離はごくわずか。碁盤の目の町並みが色濃く残る京都らしいエリアです。

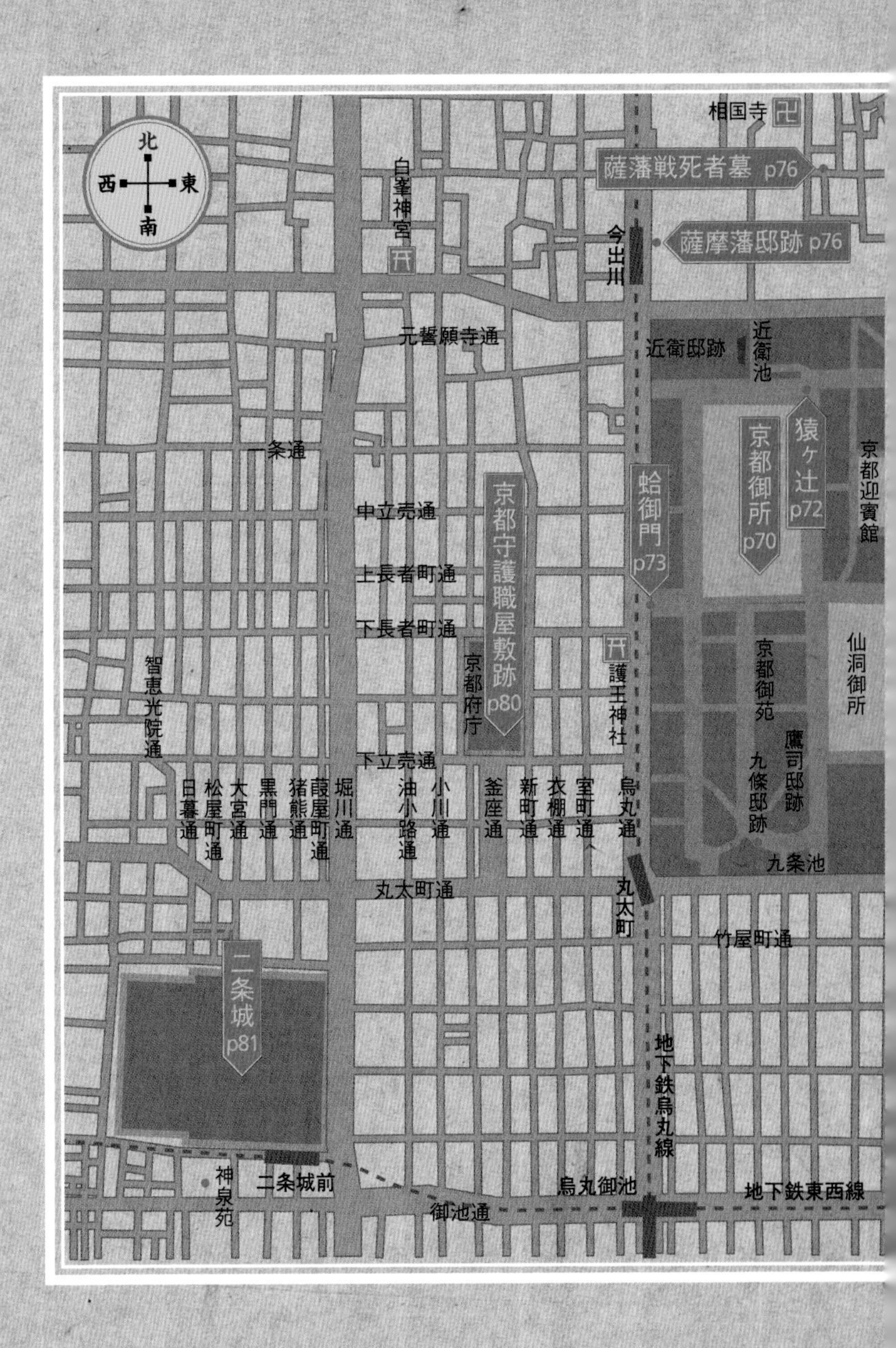
北
西
東
南
相国寺
薩藩戦死者墓 p76
白峯神宮
今出川
薩摩藩邸跡 p76
元誓願寺通
近衛邸跡
近衛池
一条通
京都御所 p70
猿ヶ辻 p72
京都迎賓館
中立売通
京都守護職屋敷跡 p80
蛤御門 p73
上長者町通
下長者町通
京都府庁
護王神社
京都御苑
仙洞御所
智恵光院通
下立売通
鷹司邸跡
九條邸跡
日暮通
松屋町通
大宮通
黒門通
猪熊通
葭屋町通
堀川通
油小路通
小川通
釜座通
新町通
衣棚通
室町通
烏丸通
九条池
丸太町通
丸太町
竹屋町通
二条城 p81
地下鉄烏丸線
神泉苑
二条城前
烏丸御池
地下鉄東西線
御池通

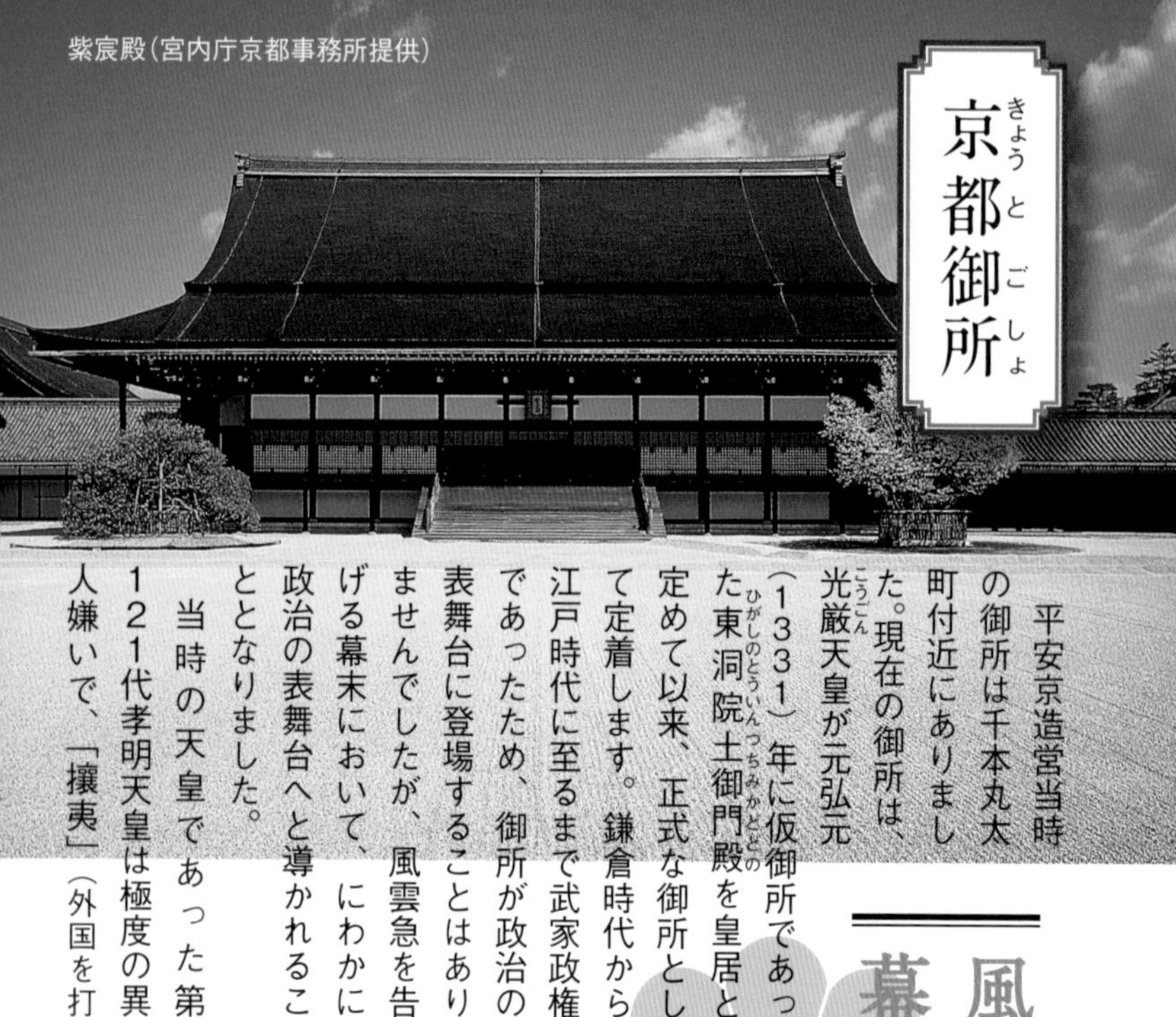
紫宸殿（宮内庁京都事務所提供）

京都御所

平安京造営当時の御所は千本丸太町付近にありました。現在の御所は、光厳天皇が元弘元（1331）年に仮御所であった東洞院土御門殿を皇居と定めて以来、正式な御所として定着します。鎌倉時代から江戸時代に至るまで武家政権であったため、御所が政治の表舞台に登場することはありませんでしたが、風雲急を告げる幕末において、にわかに政治の表舞台へと導かれることとなりました。

風雲急を告げた幕末動乱の中心地

　当時の天皇であった第121代孝明天皇は極度の異人嫌いで、「攘夷」（外国を打ち払う思想）を切に望んでおられたため、幕府政治に行き詰まりを感じて「尊皇」（天皇を国政の中心と考える思想）をかかげる志士達は、こぞって攘夷を叫びました。この「尊皇」と「攘夷」という二つの考え方はもともと独立したものでしたが、この時期に「尊皇攘夷」として結び付きます。その大義名分のもと、これに反する思想や行動を示した志士を「天誅」と称して殺戮するなど京都の治安は極度に悪

幕末のコラムぜよ

龍馬の初恋の人もいた？二百軒に及ぶ公家町

京都市民の憩いの場となっている京都御苑。かつては朝廷に仕えた公家の邸宅が大小200軒ほど建ち並び、公家町（くげまち）が存在していました。龍馬の初恋の人とも伝わる平井加尾が仕えた三条家の邸宅跡の隣は現在梨木神社となっており、他にも近衛家や九条家の庭園はきれいに保存され、公家の邸内にあった鎮守社や井戸などが点在するなど、当時の公家町を偲ぶことができます。

◆住所　京都市上京区京都御苑３
◆TEL　075-211-1215（宮内庁京都事務所参観係）
◆参観日　事前申込不要・通年公開。
◆休止日　月曜（祝日の場合は翌日）。年末年始、行事のための不定期（詳しくはHPを）

MAP ► P69

化していきました。御所においても開国派に転じた公卿の姉小路公知が猿ヶ辻にて暗殺され、長州藩を締め出した八月十八日の政変、続いて長州藩による禁門の変など幕末の戦乱の渦に巻き込まれていきました。

八月十八日の政変では尊皇攘夷派の公家７名が妙法院から長州へ落ち延びました。
（梨木神社蔵）

京都御所の北東隅を猿ヶ辻といい、幕末当時は狭い辻でした。刺客にとって隠れやすい場所でもありました。

猿ヶ辻（さるがつじ）

真相不明の公卿殺害事件

文久3（1863）年、御所で会議を終え帰路につく公卿の姉小路公知を刺客が襲いました。深手を負いながらも応戦した公知でしたが、邸宅へ運び込まれた後に絶命しました。尊皇攘夷派の急先鋒として活躍していた公知は、前月に勝海舟の案内で大阪湾を視察し、日本は開国して国力を高めるべきという考えに転じたとも噂され、そのため尊皇攘夷派の暗殺者に狙われたという説が有力です。結果的に尊皇攘夷派が朝廷内をますます支配したため、中川宮朝彦（なかがわのみやあさひこ）親王（しんのう）や薩摩藩、会津藩などの公武合体（こうぶがったい）派が尊皇攘夷派を一掃する八月十八日の政変へと繋がっていきます。

◆住所　京都市上京区京都御苑3
◆ http://www.env.go.jp/garden/kyotogyoen
（環境省京都御苑管理事務所）

MAP ► P69

幕末のコラムぜよ

暗殺者の謎

猿ヶ辻の変の犯人は、現場に落ちていた刀から薩摩藩の田中新兵衛と判明しました。新兵衛は捕らえられて刀は自らの物と認めましたが、暗殺については否認しました。しかし取調べ中に隙をみて自害してしまったため真相は謎に包まれました。

歴史に名を刻む 御苑の御門

蛤御門（はまぐりごもん）

元治元（1864）年7月、前年の八月十八日の政変で京都御所から一掃された長州藩が、勢力の挽回を狙って京都に兵を進め、京都御所を守る会津・薩摩・桑名藩らと蛤御門付近で激戦となりました。戦意旺盛な長州藩は一時優位に立ちますが、薩摩藩の反撃にあって、遊撃隊の総督・来島又兵衛（きじままたべえ）が銃弾に倒れると一気に形勢が不利となって敗走します。その際、鷹司邸や長州藩邸に放たれた火が燃え広がって「どんどん焼け」と呼ばれる大火事になり、市内は焼け野原となりました。また幕府は御所へ向かって発砲した長州藩を朝敵とし、長州征伐へと向かいました。

幕末のコラムぜよ

蛤のような門？

蛤御門は、かつて新在家門と呼ばれ、固く閉ざされてめったに開くことはありませんでした。江戸時代に起こった大火の際、火勢にあおられてついに門が開いた様子を蛤が火に炙られて口を開ける状態に例えて俗称され、今日では正式名称となっています。

◆住所　京都市上京区京都御苑3
◆http://www.env.go.jp/garden/kyotogyoen
（環境省京都御苑管理事務所）

MAP►P69

蛤御門付近で激戦となったこの戦いは「禁門の変」「蛤御門の変」「元治の変」などと呼ばれます。門の梁には弾痕らしき跡が残っています。

梨木神社（なしのきじんじゃ）

明治維新の功労者を祀る

◆住所　京都市上京区寺町通広小路上ル
◆TEL　075-211-0885
◆拝観時間　9:00〜17:00
◆拝観料　境内自由
MAP ► P68

梨木神社は明治18（1885）年に、旧三條家邸宅跡の東側に創建されました。祭神として三條実万（さんじょうさねつむ）・実美親子が祀られています。三條実万は、早くから王政復古を唱えて明治維新の原動力となり、その息子である実美は父の遺志を継ぎ、朝威回復、攘夷決行の急進派公卿の中心人物として活躍し、八月十八日の政変などの困難や危機に遭遇しながらも明治維新の大業を支えました。梨木神社は「萩の名所」としても知られており、境内にある「染井（そめのい）」は「県井（あがたい）」「左女牛井（さめがい）」とともに京都三名水の一つに数えられています。

横井小楠殉節地

龍馬も一目置く先見力

熊本藩出身の儒学者であり政治思想家として藩を越えて活躍します。私塾「四時軒」で人材を育て、松平春嶽の政治顧問として招かれ、福井藩の藩政改革を行いました。政事総裁職となった春嶽を助けて幕政改革にも寄与しますが、公武合体運動を推進中に失脚し、蟄居します。小楠の先進的な思想は龍馬も倒幕後の手本にしたかったようですが、維新後、政府参与に就任した小楠は保守派によって惜しくも暗殺されました。

龍馬は「当時天下之人物と云ハ…肥後ニ横井平四郎」と小楠を評し、また龍馬が作成した「新官制擬定書」では小楠を新政府の参議（政府高官）に推薦しています。（国立国会図書館蔵）

◆住所　京都市中京区寺町通丸太町下ル東側

MAP►P68

薩摩藩邸跡（さつまはんていあと）

広大な敷地が力を偲ばせる

現在の大丸百貨店の建つ錦東洞院にあった薩摩藩邸が手狭になったことから、文久2（1862）年に、こちらに新しく藩邸が建てられました。幕末の政局の中心を担った薩摩藩らしく、その規模は5805坪（約9000㎡）もあり、9棟の建物と多くの土蔵が建ち並びました。

懇意であった近衛家と向かい合わせに建てられた藩邸は、御所の北側に屋敷を構えた武家の中では、御付武家（おつきぶけ）を除いて薩摩藩のみであり、その存在感の大きさを際立たせています。

藩邸跡の近くには、蛤御門の変や鳥羽伏見の戦いで戦死した薩摩藩士72名が眠る「薩藩戦死者墓」が建てられています。MAP►P69

◆住所　京都市上京区烏丸通今出川上ル東側

MAP►P69

幕末のコラムぜよ

薩長同盟締結の場

薩摩藩家老という立場を越えて多くの人望を得ていた小松帯刀は、薩長同盟締結においても西郷とともに薩摩の代表として臨みます。その場所は京都の小松邸であったともいわれ、長州を代表して上洛した桂小五郎も滞在したようです。桂も小松の人柄を信頼しており、薩摩藩邸よりも小松邸のほうが安心だったのかもしれません。

小松帯刀寓居跡（こまつたてわきぐうきょあと）

若き家老の安らぎの場所

薩摩藩の若き家老小松帯刀は、温厚誠実にして実務と調整能力にずば抜けた才能を発揮し、薩摩藩のほぼ全権を掌握していました。龍馬と懇意になると、亀山社中設立などに薩摩藩を動かしてサポートし、一方の龍馬も新政府の人事構想において、西郷、大久保、桂らを抑えて、小松を筆頭に挙げるほど深い信頼を寄せていました。また小松邸の2階は眺めがよく、西郷ら薩摩藩の仲間とともに五山の送り火を楽しんだという微笑ましい記録も残っています。

薩摩藩は縁戚である近衛家の別邸（通称御花畑御屋敷）を借り、小松帯刀の寓居（仮の住まい）としていました。平成28年資料が見つかり、そこが薩長同盟締結の場として特定されました。

◆住所　京都市営地下鉄「鞍馬口」駅下車　烏丸鞍馬口を西にすぐ

京都守護職屋敷跡

激戦化する京都の治安維持に奔走

京都守護職は、文久2（1862）年に京都の治安維持のために幕府が設置した要職です。初代京都守護職には会津藩主松平容保が就任し、当初金戒光明寺に本陣を置き、翌年にはこの地に新しく屋敷を構えて幕末の混乱した政局を支えました。容保は、孝明天皇の信頼が厚く、職務を実直に遂行したため、尊皇攘夷派からは恨みを買うことになり、戊辰戦争では最大の朝敵として窮地に立たされますが、最後まで幕府のために戦い抜きました。京都守護職屋敷は慶応3（1867）年に廃止され、跡地には京都府庁が移転し、現在に至ります。

跡地に建つ京都府庁旧本館は、松室重光の設計により明治37（1904）年竣工。ルネサンス様式の名建築として国の重要文化財に指定されています。

幕末のコラムぜよ

金戒光明寺

金戒光明寺は、浄土宗を開いた法然上人が念仏道場としたのが起こりです。幕末、京都守護職に任ぜられた会津藩の本陣となりました。約4万坪という広大な敷地に点在する大小52の宿坊のうち、大方丈と25の宿坊に約1000名の会津藩兵が駐屯しました。また東海道の入口である粟田口に程近く、小高い山の上にあるため攻めにくく、展望は大山崎から大阪方面まで遠望でき、御所まで2キロという好条件から本陣に選ばれたとされています。

◆住所　京都市上京区下立売通
新町西入薮ノ内町京都府庁内

MAP ► P69

二条城（にじょうじょう）

江戸幕府265年に幕を降ろした終焉地

慶長8（1603）年、徳川家康が将軍上洛時の宿所として、また西国大名や朝廷の監視を目的に築城しました。3代将軍家光（いえみつ）が大軍を率いて上洛して以降は、将軍が入城することはなく、二条城は荒れ果てていましたが、14代将軍家茂の上洛に際し改修が行われました。慶応3（1867）年10月には、二の丸御殿（にのまるごでん）の大広間において15代将軍慶喜が大政奉還を行い、265年続いた江戸時代に幕を降ろします。明治になると京都府庁として一時使用された後、宮内省管轄の二条離宮となり、昭和14年に京都市の管轄となって現在に至っています。

慶喜は在京40藩の重臣を二条城の大広間に集めて大政奉還の決意を表明しました。（二条城提供）

- 住所　京都市中京区二条通堀川西入二条城町541
- TEL　075-841-0096
- 観覧時間　8:45～16:00（閉城17:00）季節変更あり
- 休城日　12月29日～31日、二ノ丸御殿はHP参照のこと
- 入城料　一般1030円、中高生350円、小学生200円

MAP ► P69

龍馬を支えた後援者たち

土佐藩の下級身分の家に生まれ、その土佐藩すら脱藩して一浪人となった龍馬がこれほど活躍できたのは、龍馬に魅了され、援助を惜しまなかった人々の存在があったからです。

松平春嶽（まつだいらしゅんがく）

田安徳川家に生まれ11歳にして福井藩主になりました。橋本左内（はしもとさない）や由利公正（ゆりきみまさ）などを登用して藩政改革を断行し、政治顧問に熊本藩から横井小楠を迎えて政界にも参画します。広い視野と先見性をもっていたとされ、龍馬の素質を見抜いて勝海舟に紹介し、勝と龍馬が中心となって創設した神戸海軍操練所に資金援助を行うなど、龍馬のよき理解者となりました。また大政奉還の後に行われた小御所会議では最後まで幕府の存続に努力しました。

幕末四賢候に数えられ初代政事総裁職に抜擢されます。維新後も新政府の議定を務め、民部卿や大蔵卿などを歴任。(国立国会図書館蔵)

小松帯刀（こまつたてわき）

薩摩の地方領主である肝付家に生まれ、その後小松家の養子となります。島津久光に見出されて側近となり、若くして家老に登用されました。薩摩藩のほぼすべての実務に携わり、京都に居を構えて朝廷や他藩との折衝役もこなしました。また勝海舟の紹介で龍馬とも懇意になり、薩長同盟を成立させます。しかし鳥羽伏見の戦いの頃には体調を崩し、維新後は新政府の主な官職を歴任しますが、36歳の若さで亡くなりました。

日本初の新婚旅行は小松であったとする説もあります。龍馬とお龍の薩摩旅行の際には、自らの邸宅に二人を泊めています。（国立国会図書館蔵）

酢屋嘉兵衛（すやかへえ）

高瀬川を開いた角倉（すみのくら）家から材木運搬の独占権を与えられた酢屋家の6代目当主で、龍馬の活動に理解を示し、自らの邸宅の2階の一室を提供して家族同様の付き合いをしていたと伝わります。家中の者も、龍馬のことを変名である「才谷（さいたに）さん」と呼んで親しんでいました。拠点を酢屋から近江屋に移して間もなく、惜しくも暗殺された龍馬を偲んで始まった月初めの墓参りは、代々の当主から現在にまで引き継がれています。

龍馬の住んだ酢屋は海援隊京都本部が置かれ、隊士の陸奥宗光や長岡謙吉など、多くの志士が投宿していました。

河原町・木屋町

幕末の志士達が密集した激戦区

鴨川と高瀬川に沿ったこのエリアには今も昔もエネルギッシュな人達が集い、随所に志士達の息吹が感じられます。

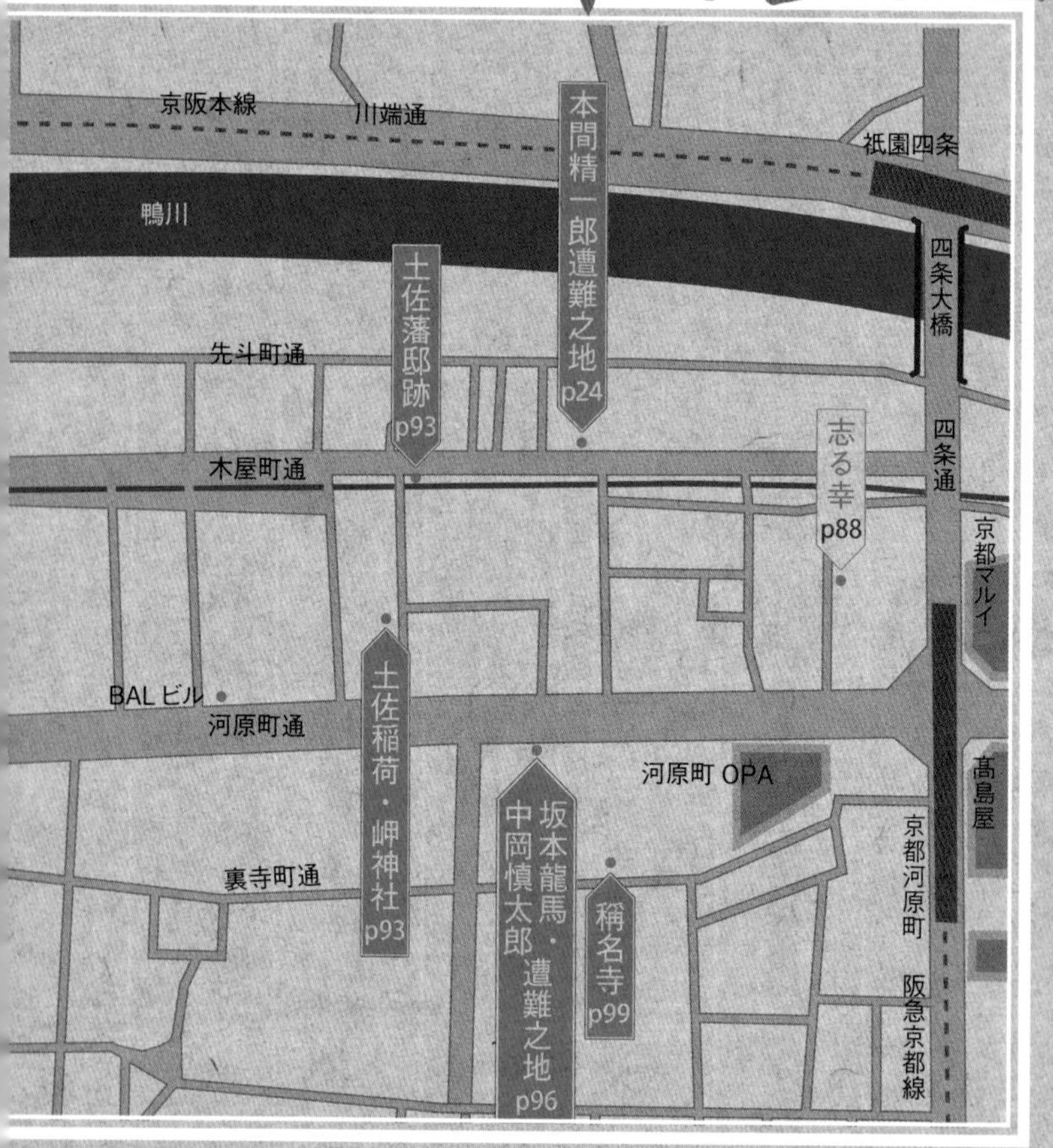

誠
御用改めである
歯向かうものは
容赦なく斬り捨てる
京阪三条
佐久間象山寓居之址
p91
吉村寅太郎寓居之跡
p92
料理旅館 幾松
p86
御池大橋
三条大橋
瑞泉寺
三条通
高瀬川
武市瑞山先生寓居之跡
p92
象山先生遭難之碑
p90
京都ホテルオークラ
御池通
長州屋敷址
p84
地下鉄東西線
池田屋騒動之址
p89
酢屋
p94
桂小五郎像
p84
本能寺
京都市役所
京都市役所前
寺町通
東
北
南
西

長州屋敷址（ちょうしゅうやしきあと）

尊皇攘夷はここから始まった

長州藩邸は、南北は高瀬川一之舟入の南側から御池通まで、東西は河原町通から木屋町通に至るまでの広大な敷地を占め、幕末には尊皇攘夷の過激派も頻繁に出入りするなど政局の中心を担いました。元治元（1864）年の禁門の変で敗れた長州藩は、その直後に藩邸に火を放って退却します。明治維新後は、官有となり府下産業の振興を図るため勧業場が設立され、後に常盤ホテル（京都ホテルオークラの前身）が建てられました。

政治力が際立つ桂ですが、青年期には江戸の剣術道場の名門「練兵館」で神道無念流の免許皆伝を得て、入門１年目で塾頭を務めるほどの腕前でした。

◆住所　京都市中京区御池通河原町西入北側

MAP ► P83

敷地南端に木戸が没した木造2階建ての家屋の一部が残り、「明治天皇行幸所」の碑が建ちます。外観のみであれば一般でも見学できます。

木戸孝允邸址（きどたかよしていあと）

木戸孝允 終焉の場所

維新三傑の一人である木戸孝允（桂小五郎）は、近衛家の下屋敷を譲り受け京都の別邸としました。明治10（1877）年、木戸はこちらにて病に倒れ、折しも京都に来ていた明治天皇の見舞いを受けます。政府の高官とはいえ一民間人を天皇が見舞うことは例がなく、明治天皇の木戸への信頼が伺われます。

しかし木戸はその1週間後に「いいかげんにせんか、西郷！」という西南戦争を気遣う言葉を残して45歳で病死しました。その後、別邸は息子の木戸忠太郎に引き継がれ、規模は縮小しましたが、昭和18年に京都市に寄贈されて現在に至っています。

◆住所　京都市中京区土手町通竹屋町上ル東入
◆TEL　075-256-1307（京都市職員会館かもがわ）
◆見学時間　10:00〜16:00

MAP►P68

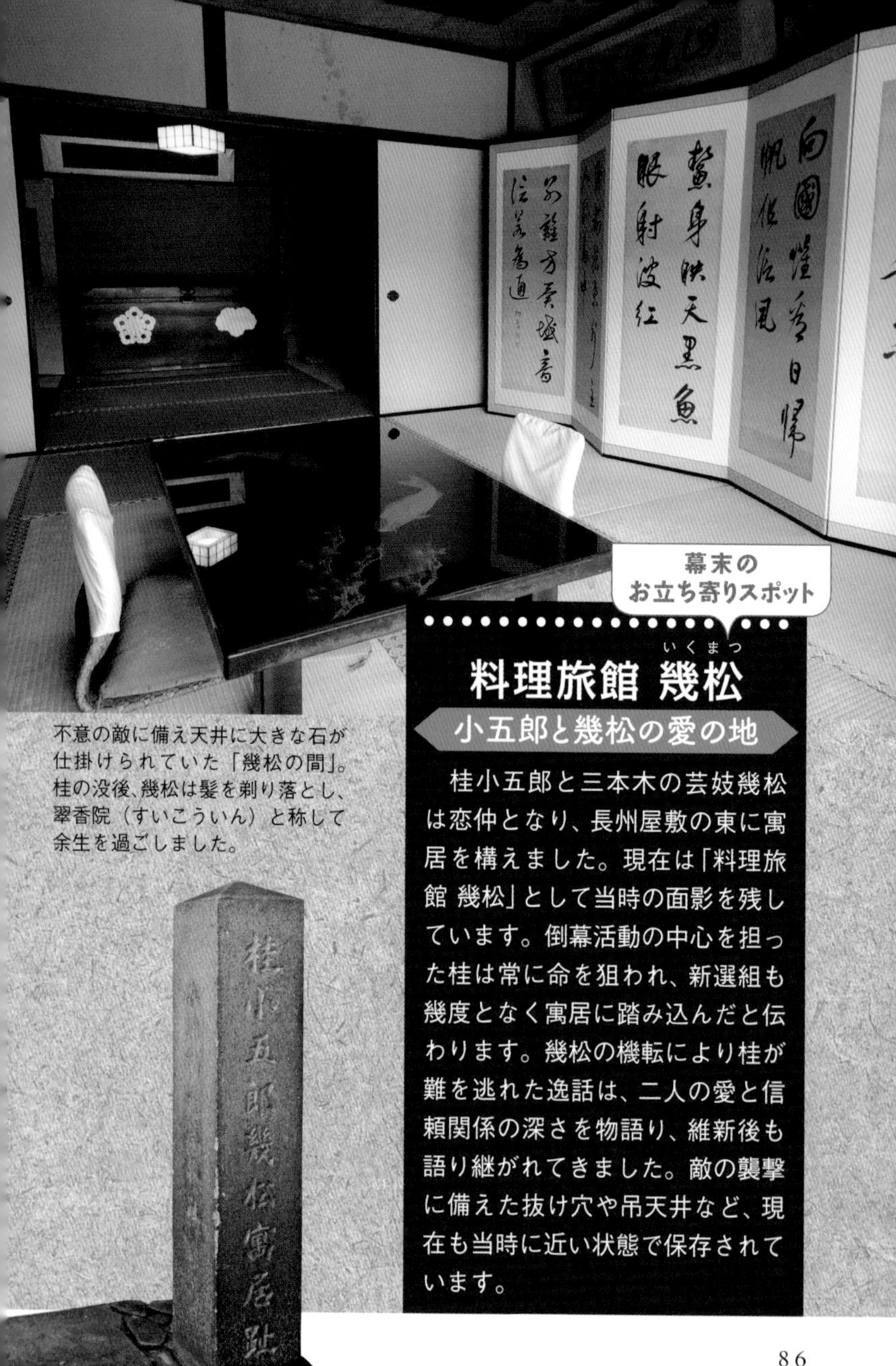

幕末の
お立ち寄りスポット

料理旅館 幾松（いくまつ）

小五郎と幾松の愛の地

桂小五郎と三本木の芸妓幾松は恋仲となり、長州屋敷の東に寓居を構えました。現在は「料理旅館 幾松」として当時の面影を残しています。倒幕活動の中心を担った桂は常に命を狙われ、新選組も幾度となく寓居に踏み込んだと伝わります。幾松の機転により桂が難を逃れた逸話は、二人の愛と信頼関係の深さを物語り、維新後も語り継がれてきました。敵の襲撃に備えた抜け穴や吊天井など、現在も当時に近い状態で保存されています。

不意の敵に備え天井に大きな石が仕掛けられていた「幾松の間」。桂の没後、幾松は髪を剃り落とし、翠香院（すいこういん）と称して余生を過ごしました。

握り飯を投げた幾松

長州藩が国許に引き上げてからも、桂は乞食に身をやつしてまで京都に残り藩のために情報を集めました。恋人であった幾松はそんな桂の身を案じ、桂のために作った握り飯を、鴨川畔に隠れていた桂に投げて渡し、その活動を助けたと伝わります。

昼のミニ会席は7000円～、夜の会席は15000円～。5月～9月にかけては鴨川に川床を張り、鱧を中心とした料理を味わうことができます。

- ◆住所　京都市中京区木屋町通御池上ル東側
- ◆TEL　075-231-1234
- ◆営業時間　11:30～15:00(L.O.13:00)　17:30～22:00(L.O.19:00)
- ◆定休日　無休

MAP►P83

新選組の襲撃の際に桂が隠れたという長持ちや、廊下の板を開けると地下へ通じる隠し階段が残っています。

名物の点心「利休辨當」2500円（税込）にも汁が付きます。白味噌、赤味噌、すましの３種類に、鯛やおとしいもなど具を足すことで深い味わいが楽しめます。

幕末の
お立ち寄りスポット

志る幸

意表をついた主役と間者

昭和7年の創業以来、こちらでは「汁もの」が主役であり、手間ひまかけた一杯の汁を求めて多くの常連が通います。やさしい味わいの汁を提供する現在とは対照的に、幕末期、この地で枡屋を営む古高俊太郎は、密かに勤皇志士と交流しアジトを提供していました。元治元(1864)年、古高は長州のスパイとして新選組に捕らえられ過酷な拷問を受けます。その自白により天皇を長州へ連れ去る計画が露呈し、池田屋騒動の発端になったとされます。

- ◆住所　京都市下京区四条河原町上ル1筋目東入南側
- ◆TEL　075-221-3250
- ◆営業時間　平 日11:30～15:00　17:00～21:00(L.O.)
- ◆定休日　水曜日･不定休

MAP ► P82

池田屋の廊下や階段は狭く、人一人がやっと通れる広さであったことが、少人数で踏み込んだ近藤らに有利に働きました。
(東京大学史料編纂所蔵)

池田屋騒動之址

都を震撼させた新選組御用改め

古高俊太郎の自白で明るみとなった過激派尊皇攘夷の志士達の会合を阻止するべく出動した新選組は、近藤隊、土方隊の二手に分かれて探索を開始します。池田屋にて大勢の志士たちによる会合を発見した近藤隊は、近藤勇、沖田総司、永倉新八、藤堂平助の4人で踏み込みました。激戦の末、土方隊の到着もあって吉田稔麿や宮部鼎蔵などの有力者を討ち果たし、20数名を捕縛するという大戦果を上げ、天下に新選組の名が轟きました。

幕末のコラムぜよ

擬宝珠が証言?

会合に集まった大勢の志士の中には池田屋から脱出した者も多く、待ち受けていた新選組と屋外でも激しい戦闘が繰り広げられました。池田屋にほど近い三条大橋の擬宝珠には、当時の戦闘による刀傷がくっきりと残っており、戦いの激しさを物語っています。

◆住所　京都市中京区三条通木屋町西入北側

MAP►P83

象山先生遭難之碑（しょうざんせんせいそうなんのひ）

油断と慢心が生んだ最先端男の悲劇

佐久間象山は、西洋砲術家として日本の第一人者となり、私塾からは吉田松陰、勝海舟、河井継之助（かわいつぐのすけ）や龍馬など、後に日本を動かす人材を輩出しました。松陰の密航未遂事件に連座して松代藩に9年の蟄居を命ぜられますが、その間も西洋研究に没頭します。復帰後は現実的な開国論とともに公武合体を唱えたため、尊皇攘夷の急進派に標的とされました。自信家であった象山はその言動から敵も多く、上洛して市内を移動するときは西洋の鞍（くら）を乗せた馬にまたがり、目立つ格好で単独行動をしていたため、奪われるべくして命を奪われたともいえます。

象山を斬った幕末四大人斬りの河上彦斎（げんさい）は、殺害後に象山の来歴を知って暗殺を悔み、以降人斬りをやめたという逸話も残ります。（国立国会図書館蔵）

象山は東山を一望できた鴨川畔の寓居を「煙雨楼」と名付けました。現在、木屋町御池下ルには「佐久間象山寓居之址」の碑が建ちます。MAP ► P83

◆住所　京都市中京区木屋町御池上ル西側

MAP ► P83

幕末のコラムぜよ

日本初の電信実験？

象山は嘉永２（1849）年、松代藩鐘楼と約70メートル離れた御使者屋との間に電線を張り、自身で製作した「ダニエル電池」を使用して日本初の電信実験を成功させたといわれます。電信機もオランダの「ショメール百科全書」をもとに自らが製作したもので、実験の際に「サクマシュリ」という自分の名前を送ったといわれています。

武市瑞山先生（たけちずいざんせんせい）
吉村寅太郎（よしむらとらたろう）寓居之跡（ぐうきょのあと）

ご近所同士の土佐勤皇志士

土佐の郷士に生まれた武市瑞山は江戸にて土佐勤王党を結成後、土佐藩の重役吉田東洋を暗殺して藩政をリードし、藩の京都留守居役となって天下の志士達と交わります。拠点としたのが旅籠「四国屋」の離れにあった料亭「丹虎（たんとら）」で、土佐勤王党に加盟していた同郷の吉村寅太郎もすぐ隣に居を構えました。しかし安政の大獄以来、土佐藩は前藩主の山内容堂が復帰して土佐勤王党を弾圧し、武市は帰国を命ぜられて投獄され、1年半もの取調べの後に切腹します。吉村は倒幕を目指した天誅組の幹部として戦いますが、あえなく戦死しました。

◆住所　京都市中京区木屋町通三条上ル東側

MAP►P83

武市は龍馬と縁戚関係にあり、龍馬を「あざ（痣）」、武市を「あぎ（顎）」と、互いにあだ名で呼び合う仲でした。

大和国吉野で戦死した吉村は、「吉野山風に乱るるもみじ葉はわが打つ太刀の血けむりと見よ」と辞世の句を残しています。

土佐藩邸跡（とさはんていあと）

土佐の逸材は寄り付かず？

文久3（1863）年2月勝海舟の尽力により龍馬は脱藩の罪を赦免されますが、土佐藩邸で7日間の謹慎処分を受けています。写真は土佐藩内にあった岬神社。MAP►P82

江戸初期から明治4年に至るまで、土佐藩の京都藩邸として使われ、留守居役が詰めて連絡事務に当たりました。元禄3（1690）年には、京都藩邸の守るべき法律が厳しく定められています。当時は高瀬川に面して門が開かれ、高瀬川には土佐橋が架かっていました。また西側に鎮座する土佐稲荷（とさいなり）・岬（みさき）神社は、藩邸の鎮守社として祀られたものでしたが、参詣する町人のために藩邸内の通り抜けが許されていました。龍馬や中岡慎太郎は土佐藩出身の英傑でしたが、役人ばかりの土佐藩邸を窮屈がって、あまり滞在することはありませんでした。

◆住所　京都市中京区蛸薬師通木屋町西入北側

MAP►P82

酢屋（すや）

創業以来貫く280年の商い

二条から伏見に流れる高瀬川沿いのエリアは、高瀬舟で木材を運搬する材木商が何軒かあったため「木屋町（きやまち）」と呼ばれ、酢屋はこの辺り一帯の代表的な存在でした。幕末当時は6代目の酢屋嘉兵衛（すやかへえ）が切り盛りしており、日本のために奔走する龍馬に共感して自宅の一室を海援隊の京都本部として提供しました。ここから近江屋へ移り住んだ約1カ月後に龍馬は刺客に襲われ絶命しますが、その後も酢屋は、明治、大正、昭和と界隈が繁華街へと移りゆく中で家業を営み、10代目の現在に至るまで、龍馬が暮らした当時の場所で、当時の外観を保ち続けています。

創業は享保6（1721）年、店には木の温もりある箸や食器、工芸品が揃います。2階は「ギャラリー龍馬」として、龍馬と酢屋の歴史を案内しています。龍馬の命日前後に、「追悼展」が催されます。

◆住所　京都市中京区河原町三条下ル1筋目東入北側
◆TEL　075-211-7700
◆営業時間　日～金10:30～18:00、土10:30～19:00
ギャラリー10:30～17:00
◆定休日　水曜

MAP ► P83

陸奥宗光や長岡謙吉ら多くの海援隊士が投宿した記録が残っています。表の通りは、後に「龍馬通」と名付けられました。

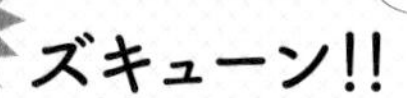

幕末のコラムぜよ

ズキューン!!

酢屋の南側に広がる高瀬川の五之舟入は、交通の起点である三条大橋に最も近い舟入であったことから大変賑わっていました。酢屋の2階の格子戸越しに舟入を見下ろした龍馬は、愛用のピストルを試し撃ちしたという逸話が残っています。

坂本龍馬（さかもとりょうま）・中岡慎太郎（なかおかしんたろう）遭難之地（そうなんのち）

近江屋のあった河原町通は老若男女が行き交う賑やかなアーケード。平成21年、河原町商店街振興組合は、跡地に案内板の駒札と献花台を設置しました。

巨星が逝った悲劇の現場

材木商の酢屋から醤油屋の近江屋に移った龍馬は土蔵の2階に隠れ住み、裏の窓から梯子(はしご)で下に降りて西隣の称名寺(しょうみょうじ)へ移動する逃走ルートまで確保していました。しかし、数日前から風邪を引き、寒い土蔵から母屋の2階に移っており、そこに中岡慎太郎が訪ねてきました。夜が更けてきたので龍馬は「軍鶏(しゃも)でも食べよう」と提案し、土佐藩邸御用達の書店「菊屋」の峰吉(みねきち)に買いに行かせます。それと入れ違いに十津川郷士（とつかわごうし）と名乗る数名の武士が訪ねてきます。下男の藤吉（とうきち）が取り次ごうとしたところ、武士は不意をついて襲いかかりました。まさに一瞬の出来事で、龍馬は全身に34ヵ所の刀傷を負って落命、慎太郎は28ヵ所を斬られて昏倒し、一時回復するものの翌々日に失血死しました。暗殺者の特定はできておらず、現在でも様々な論議が行われていますが、通説では幕府の組織下において治安維持と反幕府勢力を取り締まった京都見廻組が行ったとされています。

慎太郎は同志らが駆けつけた時にはまだ息があり、襲撃された状況を語り残して30年の生涯を閉じました。（中岡慎太郎館蔵）

◆住所　京都市中京区河原町通蛸薬師下ル西側

MAP ▶ P82

幕末のコラムぜよ

龍馬暗殺は通行人の頭上で？

当時の河原町通の幅は約４メートルであったことから、現在の歩道幅ほどの細い通りだったと考えられます。龍馬がいた母屋の奥の部屋は、石碑の真上付近であったと推定され、まさに現在道行く人々の頭上にて龍馬が殺されたことになります。土佐藩邸までわずか数メートルの距離であったことも意外と知られていない事実です。

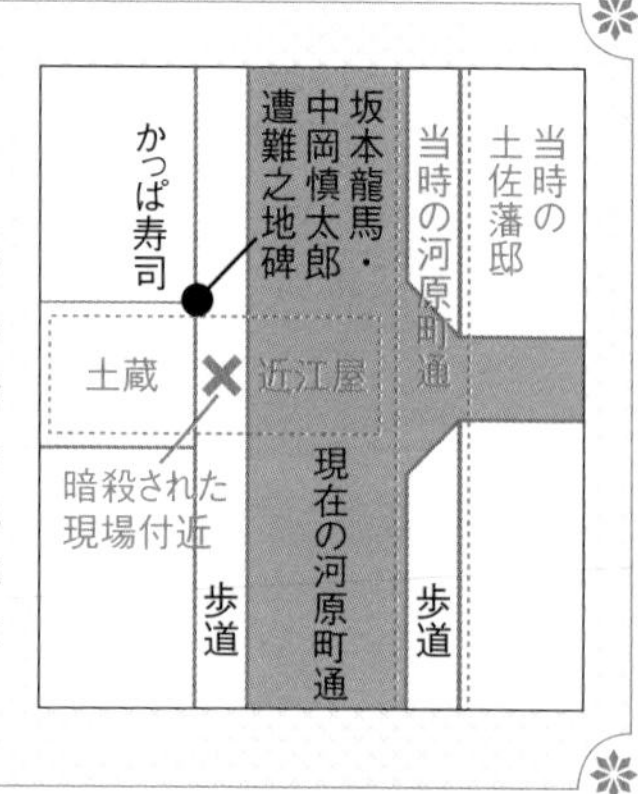

活用されていたら
歴史は変わった？

稱名寺（しょうみょうじ）

浄土宗知恩院派の末寺である稱名寺は、現在の住職で26代目を数え、裏寺町通にひっそりと建っています。豊臣秀吉の命令によって、この界隈には多くの寺院が密集する寺院街が形成され、稱名寺もその時に移転してきました。幕末の頃、境内の一部が龍馬最期の地となった近江屋の土蔵に接しており、命を狙われていた龍馬は、土蔵の2階の窓から縄梯子を境内へ垂らして非常時の逃走ルートを確保していたと伝えられています。龍馬の隠れた近江屋は石碑のみとなりましたが、死の直前の龍馬が見下ろしていたであろう風景はほぼ変わることなく、この寺に残されています。

縄梯子の下は幕末当時も現在も墓地となっており、おそらくこの墓地の間の道を走って境内を抜け、裏寺町通へと脱出する算段だったと推測されます。

◆住所　京都市中京区裏寺町通
蛸薬師下ル裏寺町601
◆TEL　075-221-3896
◆拝観　非公開寺院のため拝観不可

MAP►P82

龍馬が学んだ先生たち

龍馬の学問は「耳学問」と呼ばれるほど短い生涯の中で多くの人物と交流し知識を吸収しました。好奇心旺盛で人懐っこい龍馬に、先生たちもついつい引き込まれたことでしょう。

河田小龍（かわだしょうりゅう）

土佐の士分に生まれますが、早くから画才を発揮し、上洛して狩野派に学び、続いて長崎で蘭学や世界情勢を知るようになりました。帰国後、画塾「墨雲洞（ぼくうんどう）」を開き指導にあたりましたが、約10年ぶりにアメリカから帰国したジョン万次郎の取調べを請け負ったことでさらに詳しく世界情勢を知るようになり、その内容を『漂巽紀略（ひょうそんきりゃく）』という書物にまとめています。今後の進むべき道に迷っていた龍馬は、江戸から一時帰郷した際に河田の元を訪ね、日本のあるべき姿を説く河田の弁論に聞き入り、大いに感化されたと伝わります。

ジョン万次郎（まんじろう）

土佐の貧しい漁師の生まれで、漁業中に難破した際にアメリカ船に救助され、幸運にもそのままアメリカへ入国して教育を受けました。そこで優秀な成績を収めましたが、再び捕鯨船で海に出た後に帰国を決意します。土佐に戻ると河田小龍に取調べを通じてアメリカの情報を伝えます。その後は英語力と貴重な体験を身につけた知識人として幕府の直参に取立てられ、日米修好通商条約締結など様々な交渉場面で通訳として活躍しました。

アメリカでは選挙によって大統領を決めることなど、当時の日本との違いを伝えたといわれます。（中濱京氏提供）

佐久間象山（さくましょうざん）

松代藩の下級武士の出身でしたが、数学、儒学を学んで頭角を現します。後に老中に就任した藩主の命によって西洋兵学を学んで大砲の鋳造に成功し、その名をより高めました。江戸で開いた私塾には吉田松陰や勝海舟などの逸材をはじめ、江戸遊学中であった龍馬も通っていました。吉田松陰の密航事件に連座して蟄居しますが、一橋慶喜に招かれて入洛し、公武合体論と開国論を説いたため、尊皇攘夷の急進派に襲われて命を落としました。

（東京大学史料編纂所蔵）

東山

志士が夢を語り、眠る場所

今や観光地となったこのエリアも、幕末は志士達が密会を重ねた静かな場所であり、今は多くの志士が眠っています。

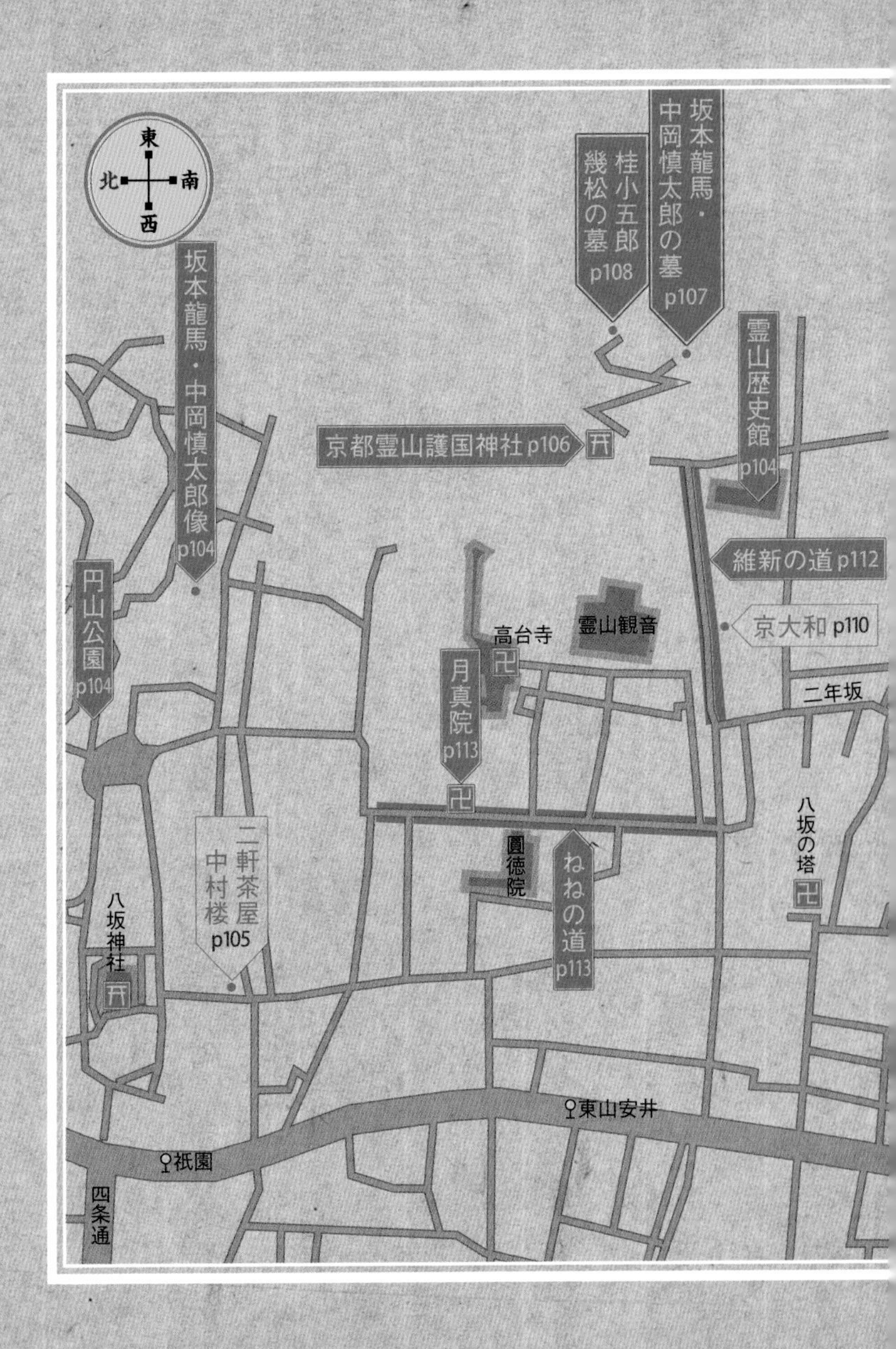
東
北
南
西
坂本龍馬・中岡慎太郎の墓 p107
桂小五郎 幾松の墓 p108
坂本龍馬・中岡慎太郎像 p104
京都霊山護国神社 p106
霊山歴史館 p104
維新の道 p112
京大和 p110
高台寺
霊山観音
月真院 p113
円山公園 p104
二年坂
八坂の塔
圓徳院
ねねの道 p113
二軒茶屋 中村楼 p105
八坂神社
東山安井
祇園
四条通

薩長同盟を実現した両雄揃い踏み

坂本龍馬・中岡慎太郎像

明治19（1886）年に開設された円山公園は京都市最古の公園で、小川治兵衛によって作庭されました。祇園枝垂桜（2代目）を中心に桜の名所で知られ、観光客と市民の憩いの場となっています。公園の奥には立ち姿の龍馬と立て膝で座っている中岡慎太郎の銅像があります。昭和9年に高知県人有志により建てられましたが、戦時下に銅像が供出され台座だけが残っていたため、昭和37年に初代京都高知県人会会長川本直水氏により再建されました。先見性があり毅然たる龍馬の立像と内実の功労ある几帳面な慎太郎の立て膝座像は、お互いの視点を補充している姿を示しています。

- 住所　京都市東山区円山町473他
- TEL　円山公園への問 075-222-3586（京都市建設局緑地管理課）
龍馬・慎太郎像への問 075-314-4156（京都高知県人会）
- 入園時間　自由
- 定休日　無休
- 入園料　園内自由

MAP►P103

高さ約3メートルの台座の上に、約3.6メートルの龍馬像と約2.1メートルの慎太郎像が建っています。毎年3月第1日曜日、京都高知県人会や有志の人々により清掃が行われています。

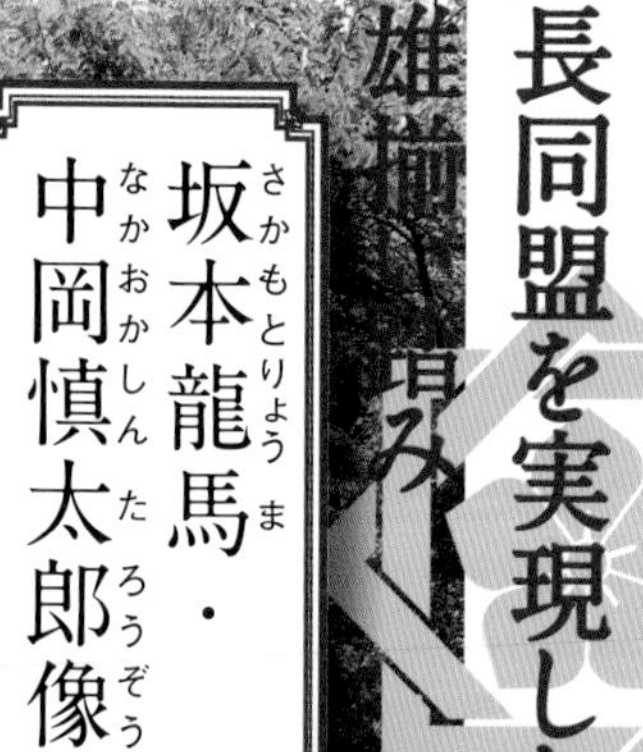

幕末のお立ち寄りスポット

二軒茶屋 中村楼（にけんぢゃや なかむらろう）

話題を呼んだ下駄と田楽豆腐

龍馬が暗殺された近江屋の現場には料亭の下駄が遺されていました。持ち主は判然としていませんが、一足は下河原町の「噌々堂」、もう一足は祇園の「二軒茶屋 中村屋」の印があると、鳥取藩と尾張藩の資料に残されています。中村屋は八坂神社門前の腰掛茶屋として約450年前に創業し数々の文献に登場する老舗で、明治に「中村楼」と改称しました。現在は料亭として京料理を供する一方、表では昔ながらの茶屋で名物の「田楽豆腐」が味わえます。

名物「田楽豆腐」3本750円は木の芽と白味噌の風味に、店頭での豆腐の早切りパフォーマンスが評判を呼びました。明治には旅館を兼業するようになり、伊藤博文も宿泊しています。

- ◆住所　京都市東山区祇園町南側八坂神社鳥居内
- ◆TEL　075-561-0016
- ◆営業時間　11:30～14:00(入店)　17:00～19:00(入店)
- ◆定休日　水曜

MAP►P103

京都霊山護国神社

志士が眠る幕末屈指の聖地

明治元（1868）年に明治天皇の命により創建された日本初の招魂社であり、靖国神社より古い歴史をもっています。祭神として坂本龍馬をはじめ、中岡慎太郎、頼三樹三郎、梅田雲浜、吉村寅太郎、平野国臣らが祀られており、境内の山手の墓地には、坂本龍馬、中岡慎太郎、桂小五郎、幾松、池田屋騒動の殉難者など、幕末に自らの命を懸けて奔走した志士が数多く眠っています。龍馬の誕生日であり命日でもある11月15日には、龍馬の遺徳を偲んで「龍馬祭」が催され、学生を中心に踊りを披露する「龍馬よさこい」や軍鶏鍋の炊き出しが行われます。

龍馬と慎太郎の墓石前には展望スペースが設けられ、市内を一望することができます。

「龍馬よさこい」は、京阪神、地元高知などの大学から十数チームが参加し、天に眠る龍馬らに現代の若者のエネルギーを発信します。

毎年3月26日には、桂の命日を偲ぶ「松菊祭」が営まれます。

維新後に桂と幾松は晴れて結ばれ、政府の参議と元芸妓という立場から、身分差を超えた初めての正式な結婚ともいわれます。(料理旅館幾松提供)

龍馬と慎太郎の墓石よりさらに山手へと登ると、寄り添って眠る桂小五郎と幾松の墓石があります。生前、幾松は芸者として活躍しながら、宴席で耳にする貴重な情報を桂に伝え続けました。また長州藩が京都から追放されてからも献身的に桂を守ります。密会の現場に新選組が踏み込んで来た時は、桂を長持ちの中に隠して、新選組の近藤勇に対し一歩も引かずに渡り合い、「女ながらにあっぱれ」と近藤もあきらめたという逸話が残っています。

幕末のコラムぜよ

「逃げの小五郎」あっての長州藩?

長州藩きっての実力者であった桂小五郎は、池田屋騒動、禁門の変など長州藩が大打撃を被った事件を直前で回避していたため「逃げの小五郎」と揶揄されました。しかし吉田稔麿や久坂玄瑞といった長州藩の俊才が事件に巻き込まれて惜しい命を散らしていく中で、用心深い桂が最後まで生き抜いたからこそ、幕末から明治維新に至るまで長州藩は政治の表舞台に立ち続けることができたといえるでしょう。

- ◆住所　京都市東山区清閑寺霊山町1
- ◆TEL　075-561-7124
- ◆拝観時間　8:00～17:00(入山受付9:00～)
- ◆拝観料　境内自由(霊山墳墓拝観のみ一般300円、小中学生200円)
- ◆定休日　無休

MAP►P103

幕末維新の全てがここに

霊山歴史館（りょうぜんれきしかん）

全国唯一の幕末・明治維新の専門歴史博物館です。貴重な収集資料は5000点を超え、その中から朝廷、公卿、藩主、幕臣、文人、画家らの遺墨や遺品など約100点が公開展示されており、日本国を憂いて奔走した志士達の精神が伝わってきます。また大砲の弾や新選組の木刀を手に取れる体感コーナーや、パソコンでの歴史クイズなども充実。龍馬暗殺の瞬間を再現した模型、龍馬を斬ったとされる刀や近藤勇が着用していた鎖帷子（鎧）など、資料が教えてくれる幕末情緒にファンならずとも高揚してしまいます。

◆住所　京都市東山区清閑寺霊山町1
◆TEL　075-531-3773
◆開館時間　9:00〜17:30
◆休館日　HP参照
◆入館料　一般900円、高・大生500円、小・中学生300円

MAP►P103

清水寺など人気観光名所の近くにあり、若いカップルや女性の来館も多数。新選組の隊服を着て撮影できるコーナーなど遊び心もあふれています。

翠紅館とともに会合の場として使用された築360年の送陽亭。現在は保護建造物になっていますが、日没時に八坂の塔を借景とした眺めは絵葉書のようです。

幕末の
お立ち寄りスポット

京大和（きょうやまと）

京を眼下に語る勤皇サロン

幕末、この地は西本願寺の別邸であり、勤皇志士の会合の場所として提供されました。文久3(1863)年1月27日、桂小五郎、久坂玄瑞、武市瑞山らが密談を行い、さらに6月17日には真木和泉（まきいずみ）ら各藩の代表が集まって具体的な攘夷の方法を検討しました。世に言う「翠紅館会議（すいこうかんかいぎ）」です。現在は3000坪の庭園を誇る料亭「京大和」として、落ち着いた山荘で京懐石をいただけ、八坂の塔を見下ろす絶景は風光明媚な京都の景色の中でも白眉といえます。

- ◆住所　京都市東山区高台寺桝屋町359
- ◆TEL　075-525-1555
- ◆営業時間　11:30～13:00(入店)　17:00～19:00(入店)
- ◆定休日　不定休、年末年始休

MAP►P103

幕末の
お立ち寄りスポット

明保野亭（あけぼのてい）

龍馬の浪漫にお腹も心も満足

幕末志士たちの密議の場となった料亭であり、龍馬の常宿の一つといわれています。元治元（1864）年の「明保野亭事件」では、新選組が池田屋騒動の残党の捕縛に押し入り、同行した会津藩士の柴司（しばつかさ）が土佐藩士麻田時太郎を誤って刺し、両藩の関係悪化を恐れて両者切腹に至ります。また司馬遼太郎の小説『竜馬がゆく』でも維新回天に奔走する龍馬が身を休める場として度々登場し、現在も多くのファンが訪れ龍馬談義に花を咲かせます。

◆住所　京都市東山区清水2-222
◆TEL　075-561-5963
◆営業時間　11:00〜17:30(L.O.)
◆定休日　不定休

MAP►P102

幕末当時は現在よりもやや北東に位置していたとされます。定番人気の「竜馬御膳」4200円（税込）は、男性でも十分満足できるボリューム。

維新(いしん)の道(みち)

志士達も闊歩した

東大路通に面して建つ京都霊山護国神社の一の鳥居をくぐると登り坂になり、突き当たりに鎮座する神社の参道となっています。「ねねの道」を過ぎて、右手に二年坂の入口が見えると、二の鳥居が現れ、こちらから京都霊山護国神社までの約300メートルを、幕末・明治に活躍した志士達が眠る神社へ向かうことから「維新の道」と呼んでいます。登り坂の厳しさは京都有数で、志士の駆け抜けた時代の厳しさを物語っているかのようです。

京都霊山護国神社、霊山歴史館へと続く坂の中腹には「維新の道」の石碑が建っています。龍馬の墓前までもうひと踏ん張りです。

◆住所　京都市東山区清閑寺霊山町
　　　　京都霊山護国神社参道内

MAP►P103

ねねの道(みち)
静寂の地が今や大変身

ねねの道に佇む月真院(げっしんいん)は、新選組から独立した伊東甲子太郎が率いる御陵衛士（ごりょうえじ）の屯所となりました。 MAP►P103

◆住所　京都市東山区下河原町
MAP►P103

正しくは「高台寺道(こうだいじみち)」と名が付いていますが、豊臣秀吉の正室であった北政所(きたのまんどころ)ねねが創建した高台寺と、ねねが住居としていた圓徳院(えんとくいん)の間を通るため「ねねの道」として知られています。京情緒豊かな石畳の路地の石塀小路(いしべこうじ)に通じており、甘味処や圓徳院の敷地内に作られたショップなども充実し、夜間のライトアップイベントとして定着した「東山・花灯路」の中心となるなど、現在は京都屈指の観光スポットとして人気を集めています。

大西郷・月照謀議旧址

悲運の勤皇僧　維新の立役者

清水寺の成就院の住職であった月照は尊皇攘夷運動に身を投じ、将軍継嗣問題では一橋派に属しました。そのため、同志であった西郷隆盛との親交が深く、清閑寺の茶室「郭公亭」にて謀議を凝らしたと伝わります。その後、安政の大獄によって追われる身となった両名は薩摩に向かいますが、受け入れを拒否され、失意の中で錦江湾に身を投げます。月照は亡くなりましたが、西郷は奇跡的に蘇生し、後に大きく羽ばたくことになりました。

成就院は清水寺の旧本坊であり、庭園「月の庭」は、岩倉妙満寺の雪の庭、北野成就院（廃寺）の花の庭と並び「雪月花三名園」と称されました。 MAP►P102

◆住所　京都市東山区清閑寺山ノ内町
◆TEL　075-561-7292
◆拝観時間　8:00～16:00
◆拝観料　志納金

MAP►P102

かつて清閑寺の鐘楼堂の上に郭公亭がありました。

幕末の
お立ち寄りスポット

舌切茶屋（したきりぢゃや）

屋号に残る壮絶な歴史

勤皇僧の月照は西郷隆盛と薩摩へ下り、寒い冬の海に入水し生涯を閉じます。月照が都落ちする際、月照に仕えた寺侍の近藤正慎（こんどうしょうしん）は、寺に残る勤皇派の極秘書類や痕跡を後始末し幕府に捕らえられました。月照の行方を問う過酷な拷問に口を割るまいと、近藤は牢獄に頭を打ちつけ舌を噛み切り壮絶な最期を遂げます。清水寺は残された近藤の妻子を見かね、境内に茶店を出させたのが舌切茶屋の始まりで、今も近藤の子孫により商われています。

◆住所　京都市東山区清水1丁目294清水寺境内
◆TEL　075-551-3787
◆営業時間　清水寺拝観に準ずる
◆定休日　不定休

MAP►P102

清水寺境内のアテルイ・モレ碑の近く、昔ながらの茶屋風情の中、「冷やしあめ」や「茶だんご」などがいただけます。

龍馬の履歴書

履歴書

ふりがな	さかもと りょうま
氏名	坂本龍馬
ふりがな	さいだにうめたろう　さいごういさぶろう
変名	才谷梅太郎、西郷伊三郎など
誕生日	天保6年11月15日(旧暦)

身長・体重	172センチ・80キロ(当時としては大柄)
特徴	近視、色黒、両手の指に刀傷
特技	剣術、和歌や流行歌の創作
趣味	刀剣収集、お洒落
趣好	飲酒(一升5合は平気)
免許・資格	小栗流免許皆伝、北辰一刀流長刀目録

龍馬評

土佐一国にはあだたぬ奴(武市端山)
龍馬の度量や到底測るべからず(西郷隆盛)
万事温和に事を処する人なり。
但し胆力は極めて大なり(三吉慎蔵)

龍馬が亡くなった近江屋で、龍馬が着用していたものとして伝っていました。坂本家の家紋である「組み合わせ角に桔梗」が入り、丈は145センチであることから、一説には龍馬の身長は172センチ、体重は80キロと想定されています。
（京都国立博物館蔵）

寺田屋で使用したスミス＆ウエッソンと同型のピストル

当時最先端の護身用の武器として知られ、新しいもの好きの龍馬も数丁持っていました。長州藩の高杉晋作に贈られたスミス＆ウエッソンⅡ型32口径は、寺田屋で龍馬が襲われた時に火を噴き、龍馬の窮地を救いました。

（複製、霊山歴史館蔵）

龍馬の言葉

龍馬が自分の手で記した遺書や手紙、残した名言の存在は、どんなに素晴らしい歴史家や小説家によって描かれる龍馬像よりも、私達に龍馬の真の姿を彷彿とさせてくれます。

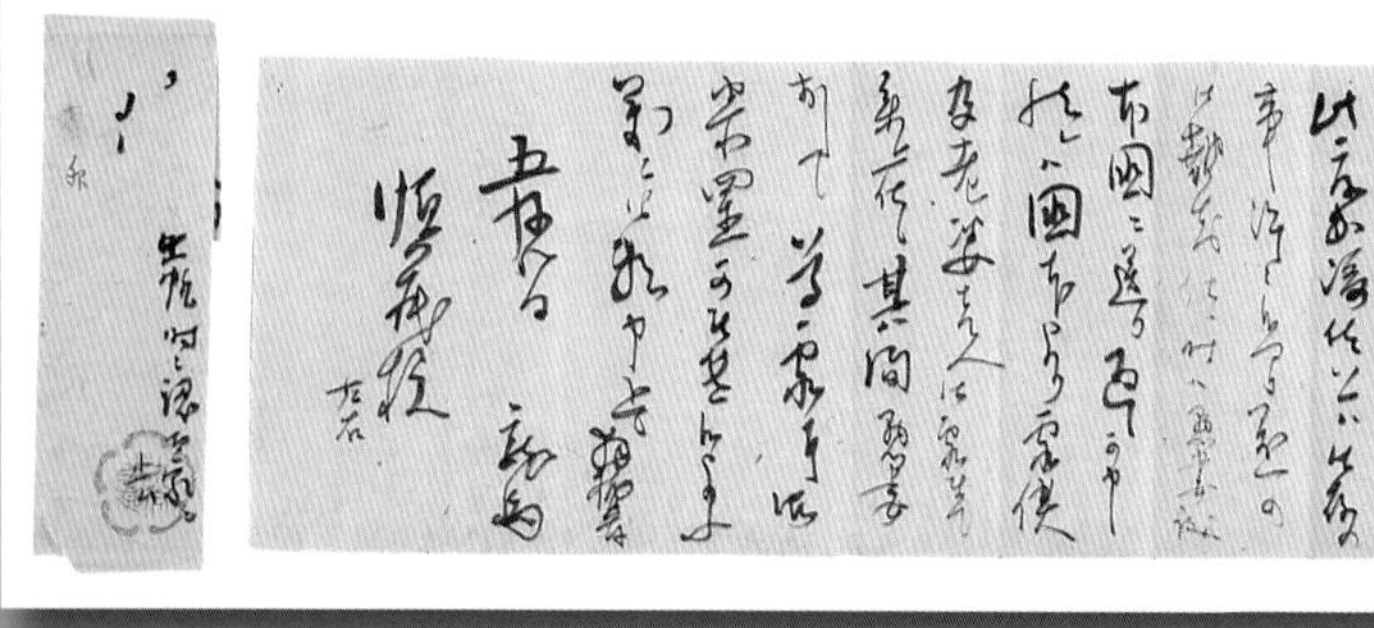

（下関市立長府博物館蔵）

死地を乗り越えた親友宛

寺田屋で幕府の官吏に襲われた際にともにいたのが長府藩の三吉慎蔵で、九死に一生を得た二人は、無二の親友となって親交が続きます。いろは丸沈没事件で紀州藩と交渉する直前、死をも覚悟した龍馬は三吉宛に手紙を書き、自分の身の上に何かが起こった時には、お龍の後事を託しており、三吉に対する全幅の信頼が見て取れます。龍馬亡き後、三吉はこの約束を守り、一時お龍を自宅に引き取った後、土佐の龍馬の実家へと送り届けました。

手紙

龍馬の自由な発想の場

龍馬は生涯に１４０通を超える手紙を書き残しており、筆まめの部類に入るといえます。姉の乙女に送ったものが最も多く、その文体は自由闊達で躍動感に溢れ、まさに等身大の龍馬を感じることができます。また「霧島山登頂図」や「下関海戦図」は図解入りでわかりやすく、龍馬の物事の本質を捉える精神も垣間見られます。


「霧島山登頂図」

登山ルートを朱色で記して感想が書き込まれています。登りに苦労して「すこしなきそうになる」と弱音を記しているところにも素直な人間味が溢れています。

（京都国立博物館蔵）

名言

「世の人は我を何とも言わば言え 我が成す事は我のみぞ知る」

【解説】

龍馬の若かりし頃の言葉とされ、自分の生き方をもってそれを貫くことが大事であるという龍馬の信念があらわれています。言葉通りに生き抜いた龍馬は、歴史に名を残す大活躍をすることとなりました。

「日本を今一度せんたくいたし申候」

【解説】

文久３（１８６３）年6月29日付で龍馬が姉の乙女に出した自筆の手紙に見られます。勝海舟のもと神戸海軍塾の塾頭を務めていた頃で、当時龍馬のもっていた壮大なスケール感をあらわす代表的な言葉です。

日本全国移動地図

龍馬は28歳で脱藩し、33歳で亡くなるまでの5年間に日本国内を足と船とで駆け回り、移動した距離は地球半周にも相当します。

福井

龍馬を勝海舟に引き合わせた松平春嶽が治めた福井藩を訪れ、由利公正と新政府の財務の相談をしたのが龍馬の最後の旅となりました。

江戸

江戸に2回、計3年あまり遊学し、千葉道場にて剣術修行を行いました。脱藩後も、千葉道場に身を寄せ、勝海舟と運命的な出会いをします。

京都

龍馬の政治活動の拠点となり、薩長同盟や大政奉還を実現させましたが、明治維新前夜、近江屋で刺客に襲われ亡くなりました。

福井
江戸
京都

土佐

龍馬の生まれた国であり、後に海援隊をつくった時には土佐藩の外部組織として設立し、大政奉還の進言も土佐藩を通じて行いました。

下関

脱藩した龍馬が最初に向かった場所であり、第二次長州征討では亀山社中が借りた桜島丸号にて下関の戦いに参戦しています。

長崎

世界の貿易会社を夢見た龍馬の夢の拠点であり、亀山社中や海援隊などが結成され、武器商人グラバーとの商談も行われました。

薩摩

寺田屋で襲撃された直後にお龍をともなって訪れ、温泉地をめぐって観光も行ったため、後に日本初の新婚旅行と呼ばれました。

龍馬の年表

■年号(西暦)	■龍馬の来歴　■時代の動向
天保6(1835)年	土佐郷士、坂本八平の次男として高知城下に生まれる(11月15日)
弘化3(1846)年	母、幸が病死する(6月10日) 楠山塾に入門するが、約半年で退塾となる
嘉永元(1848)年	小栗流日根野弁治道場に入門する
嘉永6(1853)年	小栗流和兵法事目録を受ける 江戸遊学のため土佐を出発する(3月17日) 北辰一刀流の桶町千葉道場に入門する(4月) 佐久間象山の門下に入り、西洋砲術を学ぶ(12月) ペリー率いるアメリカ海軍東インド艦隊が浦賀に来航する(6月3日)
安政元(1854)年	剣術修業の期間を満了し、土佐へ帰国する(6月23日) 河田小龍を訪ね、西洋事情を知る 日米和親条約が締結され、下田と箱根の開港を認める
安政2(1855)年	父、八平が病死する(12月4日)
安政3(1856)年	2度目の江戸遊学のため土佐を出発する(8月20日)
安政5(1858)年	勅許を得ぬまま、日米修好通商条約が締結される(6月19日) 剣術修業の期間を満了し、土佐へ帰国する(9月3日) 安政の大獄が始まり、尊皇攘夷派の弾圧を行なう
安政6(1859)年	吉田松陰、橋本左内、頼三樹三郎らが斬首される(10月)
文久元(1861)年	武市瑞山らが土佐勤王党を結成する(8月) 土佐勤王党に加盟する(9月)
文久2(1862)年	久坂玄瑞を訪ね、武市の手紙を届ける(1月15日) 和宮降嫁に反発し、坂下門外の変が起こる(1月15日)

将軍家茂と和宮が婚儀を行う(2月11日)
沢村惣之丞とともに脱藩する(3月24日)
寺田屋騒動が起こり、薩摩藩士らが同士討ちする(4月23日)
生麦事件が起こり、薩摩藩士らがイギリス人を殺傷する(8月21日)
会津藩主松平容保が京都守護職に任命される(閏8月1日)
江戸を訪ね、桶町千葉道場に寄宿する(閏8月22日)
松平春嶽に謁見し、勝海舟への紹介状をもらう
勝海舟に会い、その場で入門する

文久3(1863)年

幕臣大久保一翁を訪ねる(1月25日)
京都土佐藩邸で謹慎を受け、脱藩罪を許される(2月25日)
第14代将軍徳川家茂が上洛する(3月4日)
幕府は勝海舟に海軍塾を開設することを許可する(4月23日)
長州藩が下関で外国船を砲撃する(5月10日)
福井藩主松平春嶽を訪ね、海軍操練所の資金援助を依頼する(5月16日)
猿ヶ辻の変が起こる(5月20日)
高杉晋作が奇兵隊を結成する(6月6日)
薩英戦争が起こる(7月2日)
八月十八日の政変が起こり、朝廷内の尊攘派公家が一掃される(8月18日)
武市瑞山が投獄される(9月21日)
吉村寅太郎が戦死する(9月27日)
土佐藩から帰藩命令が出される

元治元(1864)年

お龍と出会う
幕府が神戸海軍操練所を開設する(5月29日)
池田屋騒動が起こる(6月5日)
禁門の変が起こる(7月19日)
馬関戦争が起こる(8月5日)

慶応元(1865)年

神戸海軍操練所が廃止される(3月12日)
横井小楠を訪ねる(5月19日)

武市瑞山が切腹し、岡田以蔵が斬首される(閏5月11日)
亀山車中を結成する(閏5月)
乙女宛の手紙でお龍を紹介する(9月9日)

慶応2(1866)年

薩長同盟を締結する(1月22日)
寺田屋で幕府の捕方に襲撃される(1月24日)
薩長同盟の証人として木戸文書に裏書きする(2月5日)
お龍と結婚する(2月)
お龍との新婚旅行のため伏見を出発する(3月1日)
第二次長州征討(四境戦争)が開戦する(6月7日)
桜島丸に乗船し、第二次長州征討に参加する(6月17日)
徳川家茂が病死する(7月20日)
徳川慶喜が15代将軍に就任する(12月5日)
孝明天皇が崩御する(12月25日)

慶応3(1867)年

土佐藩参政後藤象二郎と面談する(1月13日)
海援隊を発足し、隊長となる(4月)
いろは丸沈没事件が起こる(4月23日)
後藤象二郎に船中八策を示す(6月)
中岡慎太郎とともに岩倉具視を訪ねる(6月25日)
海援隊がハットマン商会より1300挺のライフル銃を購入する(9月14日)
ライフル銃を積んだ震天丸に乗船し、長崎を出港する(9月18日)
下関に寄航しお龍と再会、最期の別れとなる(9月20日)
土佐坂本家に帰り、約5年半ぶりに家族と再会する(9月28日)
酢屋より近江屋へ宿を代える(10月13日)
武力討幕派が討幕の密勅を得る(10月13日)
徳川慶喜が大政奉還を奏上する(10月14日)
近江屋にて刺客の襲撃を受け死亡、享年33(11月15日)
下関にいたお龍に、龍馬の死が伝えられる(12月2日)
王政復古の大号令が発せられ、徳川慶喜の辞官納地が決定する(12月9日)

もし龍馬が生きていたら…

運命の慶応3(1867)年11月15日、龍馬がもしこの世を去らなければ、日本の歴史はどのように変わっていったでしょう。龍馬の生き方や亡くなる前の動きを検証すると、次の3つの可能性が想像されます。

内乱回避説

龍馬は大政奉還を提案し、異国からの脅威の中で内乱を防ごうとしています。新政府の討幕の動きがもはや止められないと判断した時点で、江戸城無血開城を進めるなど、内乱を最小限に抑えて、新政府軍への速やかな政権交代に尽力していたと思われます。

討幕説

龍馬は亡くなる2カ月前、ハットマン商社からライフル銃を1300挺購入し、200挺を海援隊、100挺を長州藩、残り1000挺を土佐藩に引き渡して討幕の戦いに備えました。一説には岩倉具視の討幕説に同調し、討幕へ心が動いた可能性も指摘されます。

佐幕説

龍馬は大政奉還が成就したのを聞き、「今後はこの命、慶喜公に捧げん」と泣いたと伝わります。新政府による幕府を消滅させる計画を知ったとしたら、刺し違える覚悟で、身を挺して薩摩藩や長州藩と渡り合ったかもしれません。

この人が生きていたら歴史が変わったかもしれない、そんな期待を抱かせる龍馬の魅力。龍馬を含め、同時代に日本を憂いて奔走した志士達の魅力の根本は「日本を何とか救いたい」という熱く燃えたぎるような想いにあるのでしょう。動乱の幕末に彗星のごとく現われ、日本の近代化に大きな橋を架けた直後に天に昇っていった龍馬の生き方は、多くの志士の目指した理想像であり、困難を打破する実行力と多くの人物を包み込んだ人間的魅力は、今後も私達を惹きつけて止まないでしょう。

龍馬関連書籍

坂本龍馬に関する書籍の多さ……たいていの書店には司馬遼太郎の「竜馬がゆく」はまちがいなく並んでいるし、「坂本龍馬　男の行動論」とか「坂本龍馬に学ぶ『仲間を作る力』」のように、その行動力や人間力をビジネス書にまとめた本もある。一方で龍馬最大の謎といわれている「暗殺」やその黒幕を推理するような本も多いし、龍馬の足跡を辿る紀行本もある。それもこれも坂本龍馬は私たちのあこがれのヒーローであることの証明なのだ。事実、龍馬を知って生き方が変わったという人も多い。さてあなたは何冊読んでますか？

竜馬がゆく／司馬遼太郎（文春文庫）

坂本龍馬／山岡荘八（山岡荘八歴史文庫）

坂本龍馬／飛鳥井雅道（講談社学術文庫）

新説　坂本龍馬／町田明広（インターナショナル新書）

図説　坂本龍馬／土居晴夫　小椋克己（戎光祥出版）

世界一よくわかる坂本龍馬／山村竜也（祥伝社黄金文庫）

坂本龍馬の人間術／童門冬二（kindle版）

坂本龍馬に学ぶ／童門冬二（新人物文庫）

実伝・坂本龍馬─結局龍馬はなにをしたのか／山本栄一郎（本の泉社）

真説・薩長同盟─坂本龍馬の真実／山本栄一郎（文芸社）

坂本龍馬と謎の北極星信仰／平野貞夫　千葉胤妙星（小学館）

坂本龍馬　男の行動論／宮地左一郎（PHP文庫）

仏教徒　坂本龍馬／長松清潤（講談社）

坂本龍馬と和歌／菅宗次（ふくろう出版）

龍馬の言葉／坂本優二（ディスカバートゥエンティワン）

龍馬暗殺─捜査報告書／小林久三（光風社出版）

龍馬暗殺／桐野作人（吉川弘文館）

坂本龍馬を斬った男／今井幸彦（KADOKAWA）

坂本龍馬の人間術／童門冬二（PHP研究所）

坂本龍馬のすべて／平尾道雄（新人物往来社）

坂本龍馬─幕末志士の旅／河合敦（光人社）

龍馬の手紙─坂本龍馬　全書簡集（PHP文庫）

龍馬を殺した男　西郷隆盛／大野富次（宮帯出版）

坂本龍馬最強の人生哲学／百瀬昭次（ロング新書）

龍馬を読む愉しさ―再発見お手紙が語ること（臨川選書）

坂本龍馬最後の一か月／河合敦（WAVE出版）

坂本龍馬　志の貫きかた／岡信太朗（カンゼン）

龍馬史／礒田道史（文春文庫）

坂本龍馬男の行動論／宮地佐一郎（PHP文庫）

坂本龍馬のすべて／平尾道雄（新人物往来社）

龍馬は生きていた／賀来耕三（潮文庫）

坂本龍馬とその時代／佐々木克（河出書房新社）

坂本龍馬の贋金製造計画／竹下倫一（青春新書INTELLIGENCE）

二〇一〇年　福山雅治と坂本龍馬の旅／三浦憲治（写真）（講談社）

坂本龍馬　大鑑／（KADOKAWA）

坂本龍馬に学ぶ「仲間を作る力」／神谷宗幣（きずな出版）

坂本龍馬の正体／加来耕三（講談社＋α文庫）

完本　坂本龍馬日記／菊地明　山村竜也（新人物往来社）

もし坂本龍馬がヤンキー高校の転校生だったなら／井上ミノル（創元社）

龍馬の黒幕　明治維新と英国諜報部そしてフリーメーソン／加治将一（祥伝社）

坂本龍馬はいなかった／細田マサシ（彩図社）

汗血千里之駒　坂本龍馬君之伝／坂崎紫瀾　（岩波文庫）

龍馬は生きていた／加来耕三（潮出版社）

もし坂本龍馬が営業マンだったら／桑原正守（ダイヤモンド社）

坂本龍馬が超おもしろくなる本／龍馬と幕末を愛する会（扶桑社）

坂本龍馬と海援隊100の謎／川口素生（PHP研究所）

坂本龍馬を歩く／一坂太郎（ヤマケイ文庫）

坂本龍馬　最強の人生哲学／百瀬昭次（ロングセラーズ）

図解雑学　坂本龍馬／木村幸比古（ナツメ社）

ようわかるぜよ坂本龍馬／木村武仁（京都新聞出版センター）

龍馬の生きざま／阿部龍太郎（実業之日本社）

坂本龍馬に学ぶ33の仕事術　日本を洗濯いたしたく候／中島孝志（マガジンハウス）

坂本龍馬脱藩の道をゆく／佐古文男（学研パブリッシング）

1000円＋税

主な参考文献

◉『維新土佐勤王史』　瑞山会編（日本図書センター）
◉『汗血千里駒』　坂崎紫瀾（春陽堂）
◉『共同研究・坂本龍馬』　新人物往来社編（新人物往来社）
◉『坂本龍馬伝』　千頭清臣　一坂太郎解説（新人物往来社）
◉『坂本龍馬のすべて』　平尾道雄編（新人物往来社）
◉『坂本龍馬　歴史大辞典』　（新人物往来社）
◉『幕末維新　新生日本の礎となった騒擾の時代を読む』（世界文化社）
◉『氷川清話』　江藤淳・松浦玲編（講談社学術文庫）
◉『竜馬がゆく』　司馬遼太郎（文春文庫）
◉『龍馬のすべて』　平尾道雄（高知新聞社）
◉『龍馬の手紙』　宮地佐一郎（旺文社）
◉『歴史群像シリーズ　坂本龍馬　歴史の波濤に挑んだ青春』　（学習研究社）
◉『歴史群像シリーズ　幕末京都　国家の大計に賭けた熱血の漢たち』　（学習研究社）

幕末 龍馬の京都案内

2020年2月5日　初版発行

発行所　株式会社コトコト
〒604-8116
京都市中京区高倉通蛸薬師上ル東側
和久屋町350　リビング高倉ビル4F
TEL　075-257-7322
FAX　075-257-7360
https://www.koto-koto.co.jp

編集・制作
株式会社らくたび
TEL　075-257-7320
https://www.rakutabi.com

企画・文　山村純也
編集　光川貴浩
撮影　福尾行洋　他
デザイン　北尾崇（鷺草デザイン事務所）
地図製作　北尾崇（鷺草デザイン事務所）
イラスト　中川学

監修　木村隆比古（京都霊山護国神社 宮司）

ISBN978-4-903822-00-6 C0026

本書は2009年9月に初版発行された、らくたび文庫「幕末 龍馬の京都案内」を加筆修正して再刊するものです。